Vorwort

Es ist normal, verschieden zu sein!

Inklusion ist in aller Munde. Nach der Integration, also der Aufnahme von Kindern mit Behinderungen in Kitas und Schulen, ist Inklusion der nächste große Umbruch im Bildungssystem und stellt Träger, Leitungen und Teams vor vielfältige Herausforderungen. Inklusion erkennt an, dass alle Kinder – nicht nur die mit Behinderungen – eine Pädagogik brauchen, die auf ihre individuellen Kompetenzen, Bedürfnisse und Schwierigkeiten eingeht und den ganzen Menschen in den Blick nimmt. Ein solches diversitätssensibles Vorgehen achtet die unterschiedlichen Vielfaltsdimensionen, die das Menschsein ausmachen. Dazu gehören z. B. biologisches und soziales Geschlecht, Alter, Aussehen, Erscheinungsbild und körperliche Verfasstheit, ethnische, religiöse, kulturelle Zugehörigkeit, sozio-ökonomischer Status, Familienkultur und vielfältige Persönlichkeitseigenschaften.

Eine inklusive Pädagogik versucht, damit verbundenen Benachteiligungen, Ausgrenzungen und Diskriminierungen aktiv entgegenzuwirken. Alle Kinder, Familien und nicht zuletzt die Fachkräfte selbst sollen selbstbestimmt, gleichberechtigt und umfassend am Leben in der Kita teilhaben. Das kann nur funktionieren, wenn es uns gelingt, Kinder, Familien und Kolleg*innen in ihrem Sosein wahr- und anzunehmen. Eine Aufgabe, die zahlreiche Anforderungen mit sich bringt: Wir brauchen Fachwissen zu den verschiedenen Vielfaltsdimensionen und der Wirkung von Stereotypen und Vorurteilen, Beobachtungs- und Reflexionskompetenzen, um auch subtile Ausgrenzungen zu erkennen. Und wir brauchen Mut, diese zu benennen und ihnen entgegenzuwirken. Wir müssen kreativ und flexibel sein, um inklusive Ideen zu entwickeln, eingefahrene Wege zu verlassen und Situationen neu zu denken. Vor allem aber sind wir aufgefordert, unser Menschenbild zu reflektieren, eigene Vorstellungen, Denkmuster und Glaubenssätze zu hinterfragen und neue Sichtweisen zu entwickeln. Wir müssen bereit sein, uns von einer Gesellschaft zu verabschieden, die Leistung, Gesundheit und Schönheit als höchste Werte vertritt und alle, die dieser Norm nicht entsprechen können oder wollen, ausgrenzt und benachteiligt. Diversitätssensibel zu handeln ist niemals alleinige Aufgabe der Fachkräfte. Auch Leitung, Träger, Gesellschaft und Politik müssen einen wesentlichen Teil dazu beitragen. Inklusion geht uns alle an. Denn Ziel ist eine inklusive Gesellschaft, an der alle teilhaben können und die jeder und jedem die gleiche Würde zugesteht und Wertschätzung entgegenbringt. Das kommt allen zugute.

Dieses Sonderheft will Sie ein Stück auf dem Weg zur diversitätssensiblen Kita begleiten. Dafür werden wichtige Aspekte, wie Inklusion im Kita-Alltag gelingen kann, näher beleuchtet und mit vielfältigem Handwerkszeug für die Umsetzung ergänzt. Zahlreiche Tipps, Praxisbeispiele, Reflexionsfragen und Literaturempfehlungen sollen Sie inspirieren und Ihnen Mut machen, eigene Ideen zu entwickeln und einen Weg zu finden, der zu Ihnen und Ihrer Kita passt. Ich wünsche Ihnen viel Erfolg auf Ihrem Weg zur Inklusion.

Veronika Hundegger

Veronika Hundegger

ist Sonderpädagogin M. A., Fortbildungsreferentin und Autorin. Sie hat viele Jahre Berufserfahrung im frühpädagogischen Bereich und u. a. eine integrative, altersgemischte Kitagruppe aufgebaut und geleitet. Als Referentin gestaltet sie individuell zugeschnittene (Team-) Fortbildungen zu den Themenkomplexen Inklusion, Integration, Partizipation und Sprache. Sie hat verschiedene Bücher, Beiträge in Sammelwerken und Artikel zu frühpädagogischen Themen veröffentlicht. Weitere Informationen finden Sie unter www.erwachsenenbildung-muenchen.de

Zusätzliche wertvolle Arbeitshilfen und einige Übersichten aus dem Heft (Checklisten, Reflexionsfragen, weitere Informationen) können in Form von praktischen Vorlagen auf www.kindergarten-heute.de unter „Sonderhefte" → „Arbeitshilfen kompakt" als Download erworben werden.

Inhalt

Allen Kindern Teilhabe ermöglichen

I. Auf dem Weg zur Inklusion

1. Inklusion: Was bedeutet das genau?

Bei „Inklusion" denken die meisten daran, dass Kinder mit und ohne Behinderung in der Kita gemeinsam betreut werden. Das stimmt – auch das gehört zu Inklusion. Es geht aber nicht darum, dass eine bestimmte Gruppe (z. B. Kinder mit Behinderungen) in eine andere Gruppe (z. B. Kinder ohne Behinderungen) aufgenommen wird. Das versteht man unter „Integration". Kinder, die als von der Norm abweichend wahrgenommen werden, sollen in ein bestehendes System „normaler" Kinder integriert werden. Meist geht es dabei um Kinder mit Behinderung und/oder Migrationshintergrund, in letzter Zeit vermehrt auch um Kinder mit Fluchterfahrungen. Auch sprachlich wird unterschieden zwischen den „Regelkindern" und den „Integrationskindern". Kinder mit Behinderungen oder drohenden Behinderungen erhalten gemäß Sozialgesetzbuch (SGB) XII (§§53, 54) oder SGB VIII (§35a) Eingliederungshilfe, die aufnehmenden Einrichtungen erhalten also zusätzliche finanzielle und personelle Unterstützung. Ergänzend gewähren einzelne Bundesländer unter bestimmten Voraussetzungen finanzielle Mittel für weiteres pädagogisches Personal, z. B. für Kinder mit Migrationshintergrund oder sogenannte benachteiligte Bevölkerungsgruppen. Problematisch daran ist, dass Kinder erst als „besonders förderbedürftig“ tituliert und somit ausgesondert werden müssen, um dann wieder mithilfe von zusätzlichen Personal-, Sach- und Geldmitteln integriert zu werden.

Verschieden, aber gleichwertig!

Die Begriffe „Inklusion“ und „Integration“ werden häufig synonym verwendet. Das ist falsch. Inklusion ist weit mehr als Integration. Bei der Inklusion geht es um die gleichberechtigte Teilhabe aller, die am Leben in der Kita teilnehmen. Also alle Kinder und ihre Familien, das gesamte pädagogische Team und weitere unterstützende Personen wie Mitarbeitende der Haustechnik oder Küchenpersonal. Auf einer größeren gesellschaftlichen Ebene betrifft Inklusion alle Menschen – uns alle. Ausgangspunkt und Basis einer inklusiven Gesellschaft ist die selbstverständliche Akzeptanz von Vielfalt. Alle Menschen sind Individuen:

- Sie entwickeln sich unterschiedlich,
- haben verschiedene Bedürfnisse und Kompetenzen,
- machen unterschiedliche Erfahrungen und
- stehen vor individuellen Herausforderungen.

Jedes Kind bedarf zu bestimmten Zeiten der besonderen Zuwendung durch Bezugspersonen und es ist sein Recht, in seiner Individualität und Einzigartigkeit wahr- und angenommen zu werden. Individuelle Eigenschaften werden nicht bewertet, jede*r darf so sein, wie er oder sie ist, und auch so bleiben. Neben der Vielfalt betont Inklusion auch die Gleichheit aller Menschen. Alle Menschen sind gleichwürdig – wenn auch nicht gleichartig – und haben ein Recht auf eine selbstbestimmte und erfüllende Teilhabe und Teilnahme am gesellschaftlichen Leben. Bei Inklusion interessiert weniger, wie die Menschen sind, sondern welche Bedürfnisse sie haben. Ziel ist es, Rahmenbedingungen zu schaffen, die diesen Bedürfnissen gerecht werden.

Definition Inklusion

Inklusion hat die gleichberechtigte Teilhabe aller Menschen am gesellschaftlichen Leben zum Ziel, und zwar unabhängig von individuellen und Gruppenmerkmalen wie Alter, Geschlecht, körperlicher Verfasstheit, ethnischer Herkunft, kultureller, sozialer und sozio-ökonomischer Zugehörigkeit, Religion, Gesundheitszustand usw. Inklusion erkennt die Unterschiedlichkeit aller Menschen vorbehaltslos an und zielt darauf, das gesellschaftliche Zusammenleben und die Rahmenbedingungen so zu gestalten, dass jede*r gleichberechtigt teilnehmen kann. Zudem ist sie sensibel für Diskriminierungen und Ausgrenzungen aller Art und wirkt diesen bewusst entgegen.

Gesetzliche Grundlagen

Immer mehr Kindertageseinrichtungen öffnen sich und nehmen Kinder mit verschiedensten gesundheitlichen Verfassungen sowie sozialen und kulturellen Hintergründen auf. Dazu gehören z. B.

- Kinder mit Behinderungen, Entwicklungsverzögerungen oder chronischen Krankheiten,
- Kinder mit Migrationshintergrund,
- Kinder, die in Armut leben,
- Kinder aus schwierigen familiären Verhältnissen oder
- Kinder, die Traumatisches erlebt haben.

Grundlage von Inklusion sind hier verschiedene gesetzliche Vorgaben. Im SGB VIII ist geregelt: „Der Förderungsauftrag umfasst Erziehung, Bildung und Betreuung des Kindes und bezieht sich auf die soziale, emotionale, körperliche und geistige Entwicklung des Kindes. Er schließt die Vermittlung orientierender Werte und Regeln ein. Die Förderung soll sich am Alter und Entwicklungsstand, den sprachlichen und sonstigen Fähigkeiten, der Lebenssituation sowie den Interessen und Bedürfnissen des einzelnen Kindes orientieren und seine ethnische Herkunft berücksichtigen“ (SGB VIII, §22 Abs. 3).

Daneben haben sich alle Staaten, die die UN-Behindertenrechtskonvention unterzeichnet haben, für ein inklusives Bildungssystem und die Achtung der menschlichen Vielfalt ausgesprochen: „Die Vertragsstaaten anerkennen das Recht von Menschen mit Behinderungen auf Bildung. (…) die Vertragsstaaten (gewährleisten) ein integratives Bildungssystem (im englischen Originaltext „inclusive education system“, Anm. der Autorin) auf allen Ebenen (…) mit dem Ziel, a.) die menschlichen Möglichkeiten sowie das Bewusstsein der

Wesentliche Unterschiede von Integration und Inklusion in der Kita

Integration	Inklusion
• Eingliederung von Kindern mit Behinderungen in ein bestehendes System (Kita)	• gemeinsames Leben und Lernen aller Kinder: Die Kita ist offen für alle.
• Zwei-Gruppen-Theorie: Unterscheidung zwischen • behindert/nichtbehindert • Integrations- und Regelkindern • Kindern mit und ohne besonderen Förderbedarf	• Theorie der heterogenen Gruppe: Jeder Mensch ist anders, hat Kompetenzen und Schwächen. Es gibt viele Minderheiten und Mehrheiten. Eine Zugehörigkeit ist nicht abhängig von bestimmten individuellen Merkmalen, sondern selbstverständlich.
• finanzielle und personelle Ressourcen für Kinder mit Etikettierung (sogenannte Eingliederungshilfe): Kinder werden erst ausgesondert und als „von der Norm abweichend" gekennzeichnet, um dann wieder eingegliedert zu werden.	• Ressourcen für Systeme: Kitas und Kindergruppen werden mit Ressourcen gefördert. Eine Etikettierung und Ausgrenzung einzelner Kinder ist nicht nötig.
• gesonderte Förderpläne und spezielle Förderung für Kinder mit Behinderungen	• ein Curriculum für alle Kinder: Gemeinsames und individuelles Lernen unter Einsatz von Binnendifferenzierung
• Anliegen und Auftrag der Sonder- und Heilpädagogik und spezieller Fachkräfte	• Anliegen und Auftrag der Frühpädagogik und aller Fachkräfte
• Integrationsfachkräfte als Unterstützung für Kinder mit sonderpädagogischem Förderbedarf	• Inklusionsfachkräfte als Unterstützung für Erzieher*innen, Kindergruppen und die ganze Kita

Würde und das Selbstwertgefühl des Menschen voll zur Entfaltung zu bringen und die Achtung vor den Menschenrechten, den Grundfreiheiten und der menschlichen Vielfalt zu stärken (...) (und) c.) Menschen mit Behinderungen zur wirklichen Teilhabe an einer freien Gesellschaft zu befähigen" (UN-Behindertenrechtskonvention, Art. 24 Abs. 1).

2. Dimensionen von Vielfalt

Kinder unterscheiden sich auf vielfältigste Weise, z. B. in

- Aussehen,
- Entwicklung,
- Verhalten,
- familiärem Hintergrund,
- Religionszugehörigkeit.

Tagtäglich nehmen wir diese Unterschiede wahr und verknüpfen mit ihnen eine Reihe bewusster und unbewusster Erwartungen an das Kind, seine Entwicklung und sein Verhalten. Das beeinflusst, wie wir es selbst und seine Familie wahrnehmen und einordnen und wie wir uns ihnen gegenüber verhalten. Wir erwarten z. B. von einem 3-jährigen Kind andere Verhaltensweisen als von einem 6-jährigen, von einem Mädchen andere als von einem Jungen oder von einer Familie mit geringem sozio-ökonomischen Status andere als von einer gut situierten Familie.

Erwartungen an andere Menschen sind nicht per se schlecht, sie helfen uns unsere Welt zu verstehen und zu ordnen. Trotzdem bergen sie die Gefahr, dass wir dem einzelnen Menschen nicht gerecht werden, da sie unseren Blick verstellen. Vorurteile und damit einhergehende Bewertungen, wie eine Person „eigentlich" sein und handeln sollte, vernebeln unseren Blick auf das, was wirklich ist, und drängen diese in eine bestimmte Rolle. Ausgehend von unseren Vorurteilen verhalten wir uns auf eine bestimmte Weise und tragen so dazu bei, dass sich unsere Erwartungen erfüllen.

Vorurteilsbewusst statt vermeintlich vorurteilsfrei

Wir alle haben bestimmte Vorannahmen und Vorurteile über andere Menschen, ob wir wollen oder nicht. Die Aussage „ Für mich sind alle Kinder gleich, ich mache keine Unterschiede" ist nicht nur falsch, sondern auch gefährlich. Es ist unsere Aufgabe, eigene Vorurteile aufzudecken und zu hinterfragen:

- Wo haben meine Vorurteile ihren Ursprung?
- Wie beeinflussen sie meine Wahrnehmungen und mein Verhalten?
- Wie kann ich gegensteuern?

In Diskursen zur Inklusion und zur vorurteilsbewussten Erziehung wird das Leugnen von Unterschieden zwischen Menschen als „Farbenblindheit" bzw. „Pseudogleichheit" bezeichnet. Ungleichheit und Unterschiede werden im Alltag mit den Kindern nicht thematisiert und deshalb – so die falsche Hoffnung – gibt es sie auch nicht. Unterschiede zwischen Kindern sind real und Kinder nehmen sie wahr, egal ob offen darüber gesprochen wird oder nicht. Sie entschlüsseln verdeckte Botschaften und sind sensibel dafür, wie bestimmte Merkmale bewertet werden. Werden die erlebten Unterschiede nicht offen thematisiert, lässt das für die Kinder nur den Schluss zu, dass diese problematisch sind, denn „darüber redet man nicht". Durch Schweigen werden Vorurteile nicht entkräftet, sondern verstärkt. Die Kinder werden mit ihren Erfahrungen alleingelassen und müssen selbst einen kompetenten Umgang mit Unterschieden und Ungerechtigkeiten finden. Vor allem für kleine Kinder ist das eine kaum lösbare Aufgabe.

Um den Alltag vorurteilsbewusst und inklusiv gestalten zu können, brauchen wir Wissen über die verschiedenen Dimensionen von Vielfalt und Kenntnisse über Ausgrenzungen und Ungerechtigkeiten, die damit verbunden sein können. Folgende Vielfaltsaspekte spielen in inklusiven Kitas eine wichtige Rolle:

1. Kulturelle Herkunft

Zur kulturellen Herkunft gehören u.a. die Landeszugehörigkeit einer Familie, die Religion, der sozio-ökonomische Status und damit verbunden z.B. auch die Wohnsituation und die Nachbarschaft sowie die Familienkultur und damit einhergehende familieneigene Werte und Rituale. Kinder und Erwachsene mit Migrationshintergrund und/oder nicht-weißer Hautfarbe erleben in Deutschland weiterhin vielfältigen Rassismus, Ausgrenzung von der Mehrheitsgesellschaft und kollektive Zuschreibungen des „Andersseins". Dieser Rassismus zeigt sich offen und verdeckt. Gerade der verdeckte Alltagsrassismus wird von Menschen, die selbst nicht betroffen sind, häufig nicht wahrgenommen oder als nicht bedeutsam abgetan. Auch wir als Fachkräfte sind nicht davor gefeit, Kindern und Familien unbewusst rassistisch zu begegnen: Wenn wir z.B. annehmen, dass der Vater mit dunkler Hautfarbe nur gebrochen Deutsch spricht oder die Frau mit Hidschab von ihrem Mann unterdrückt wird. Auch Menschen aus schwierigen sozialen Verhältnissen leiden unter Vorurteilen und Diskriminierungen: „Bildungsfern", „ungesunder Lebensstil", „faul", „unhygienisch" sind nur einige der Zuschreibungen, die ihnen regelmäßig begegnen.

Die Herausforderung besteht darin, die kulturelle Herkunft von Kindern und Familien im Kita-Alltag wertschätzend zu thematisieren und ihre Erfahrungen einzubeziehen, ohne dabei auf stereotype Zuschreibungen zurückzugreifen. Beim Umgang mit Kindern, die in Armut aufwachsen, muss das Augenmerk z.B. darauf liegen, Beschämungen und Ausgrenzungen zu erkennen und diesen entgegenzuwirken. Verschiedene Einkommensverhältnisse sollen offen, angstfrei und nicht stigmatisierend thematisiert werden. Ausgrenzendes Verhalten in der Kindergruppe, z.B. aufgrund von Klei-

Inklusion braucht interkulturelle Sensibilität

dung oder Freizeitgestaltung, muss von den Fachkräften wahrgenommen und altersentsprechend bearbeitet werden. Ein weiterer wichtiger Punkt ist, die Familienkultur jedes Kindes wertzuschätzen und im Alltag sichtbar zu machen. Dazu gehört z. B. die Familienkonstellation, in der das Kind lebt. Kinder wachsen in vielen Familienformen auf:

- Familien mit alleinerziehenden Müttern und Vätern,
- Pflege- und Adoptivfamilien,
- Regenbogenfamilien mit zwei gleichgeschlechtlichen Partner*innen,
- Patchwork-Familien,
- Kinder, die bei ihren Großeltern aufwachsen usw.

Sie alle sind genauso normal wie das klassische Vater-Mutter-Kind(er)-Modell. Im Alltag wird die letztgenannte Form des Zusammenlebens trotzdem häufig als einzig „ideales" und „vollständiges" Familienmodell präsentiert. Kinder, deren Familie nicht in dieses Idealbild passt, erleben sich und ihre Familie als anders, als unvollständig und defizitär. In inklusiven Kitas werden alle Familienkonstellationen und damit verbundenen Familienkulturen und -traditionen als gleichwertig anerkannt und in alltägliche Gespräche und Formulierungen aufgenommen. Ausgrenzungen werden sensibel erkannt und vermieden.

2. Geschlecht und Gender

In den Diskussionen über Privilegien und Benachteiligungen aufgrund des Geschlechts spielt der Begriff „Gender" eine wichtige Rolle. „Gender" umfasst

- das soziale Geschlecht eines Menschen,
- die mit ihm einhergehenden Selbst- und Fremdwahrnehmungen,
- das Selbstbild sowie
- gesellschaftliche Rollenzuschreibungen und Erwartungen an Verhalten, Aussehen oder Lebensgestaltung.

Welchem Geschlecht ein Mensch angehört, spielt in unserer Kultur eine wichtige Rolle. Noch bevor ein Kind geboren wird, fragen wir die werdenden Eltern, „was es wird". Diese Formulierung spiegelt die Überzeugung wieder, dass das biologische Geschlecht ein wichtiger Hinweis darauf ist, wer das Kind wird – also Auskunft gibt über seine Persönlichkeit, seinen Charakter und seinen Lebensweg. Wir alle bringen Jungen und Mädchen, Männern und Frauen Erwartungen entgegen, wie sie sein, fühlen, sprechen und aussehen sollen. Diese bewussten und unbewussten Erwartungen beeinflussen maßgeblich, wie wir Verhalten wahrnehmen, einschätzen und bewerten, und letztendlich auch, wie wir uns dem Kind bzw. der Kindergruppe gegenüber verhalten, was wir verlangen, welche Möglichkeiten wir anbieten und welche Grenzen wir setzen. Wir müssen diese Vorstellungen reflektieren und hinterfragen. Dazu gehört

Kinder leben in vielfältigen Familien

Praxistipp

Häufige Diskriminierungen und Stereotype erkennen

Kinder brauchen Materialien, mit denen sie sich identifizieren können. Dazu gehören z. B. auch Abbildungen und Fotos von Menschen, die ihnen ähnlich sehen. Die Afrikanerin im Baströckchen, der Dudelsack spielende Schotte oder das holländische Mädchen mit Holzschuhen und Haube reproduzieren Stereotype und laden Kinder nicht zur Identifikation ein.
Das fehlende Geld für den Gruppenausflug, der Spielzeug-Tag, an dem Spielzeuge von zu Hause mitgebracht werden, oder Vorlieben der Kindergruppe für bestimmte Kleidungsmarken können für Kinder, die in Armut aufwachsen, Erfahrungen von Ausgrenzung und Nicht-Zugehörigkeit bedeuten.
Pädagogische Angebote, die auf bestimmte Familienmitglieder abzielen, wie z. B. der Vater-Kind-Nachmittag oder das Mütter-Café schließen bestimmte Familien von vornherein aus.

Typisch Mädchen – typisch Junge?

auch, sich das eigene Verhalten als Frau oder Mann bewusst zu machen. Gesellschaftliche Werte und Normen bestimmen maßgeblich, welche Rollen Menschen einnehmen dürfen und sollen und welche Möglichkeiten und Einschränkungen ihnen daher entgegengebracht werden. Aber Werte und Normen sind veränderbar und verändern sich auch ständig. So hat sich z.B. die Rolle des Mannes in den letzten Jahrzehnten deutlich verschoben: weg vom alleinigen Ernährer und Familienvorstand, hin zu einem Vater, der sich aktiv an der Kindererziehung und am Haushalt beteiligt bzw. beteiligen soll.

Bereits im Kindergartenalter wissen Kinder, welchem Geschlecht sie angehören, und haben eine Vorstellung davon, wie Mädchen und Jungen, Männer und Frauen „sind“ bzw. „sein sollen“. Sie formulieren ihre Vorstellungen und Überzeugungen deutlich („Rosa ist was für Mädchen“, „Nur Jungen spielen Fußball“). Und sowohl Mädchen als auch Jungen werden durch diese Rollenzuschreibungen in ihrer Entwicklung, in der Ausbildung ihrer Interessen und Kompetenzen und ihrer Persönlichkeit eingeschränkt und begrenzt. Dem gilt es in der inklusiven Kita entgegenzuwirken.

3. Körper und Geist

Eine andere wichtige Kategorie, nach der wir Menschen beurteilen und einordnen, sind das körperliche Erscheinungsbild und die (angenommenen) geistigen Fähigkeiten. Menschen mit Behinderungen erleben im Alltag vielfältige Diskriminierungen und Vorurteile. Oft denken wir, dass die Art der Behinderung bzw. Schädigung ursächlich ist für die Entwicklung und das Verhalten eines Menschen und somit auch für die Art und Weise, wie er sein Leben meistert und am Alltag teilnehmen kann. Das stimmt nicht. Die Schädigung ist nur ein Faktor. Wie ein Kind sich entwickelt und welche Möglichkeiten zur Teilnahme es hat, wird durch verschiedene Dinge beeinflusst. Dabei spielen Faktoren, die von Kind und Eltern kaum oder gar nicht beeinflusst werden können, eine große Rolle. In diesem Zusammenhang stellt sich auch die Frage nach „behindert sein oder behindert werden“.

Wer und was „normal“ ist und wann ein Mensch als behindert wahrgenommen wird, ist gesellschaftlich definiert. Ein Großteil der Infrastruktur im öffentlichen Raum ist auf dieses „Normal“ ausgerichtet, und alle, die dem nicht entsprechen, werden behindert. Ein Beispiel ist die Zugänglichkeit von Straßen, Gebäuden und öffentlichen Verkehrsmitteln. Hier sind nicht nur Menschen im Rollstuhl betroffen. Auch Menschen mit Rollator oder Eltern mit Kinderwägen machen täglich die Erfahrung, dass sie bestimmte Plätze nicht oder nur schwer erreichen können. Stufen, falsch parkende Autos, zu enge Türen, nicht vorhandene oder kaputte Aufzüge und Rolltreppen erschweren oder verhindern den Zugang und machen von dem Wohlwollen und der Hilfe anderer abhängig. Genauso sind Menschen mit einer Sehschädigung in einer Umgebung, die auf ihre Bedürfnisse abgestimmt ist, zwar immer noch sehgeschädigt, aber nicht behindert, da sie sich gut allein zurechtfinden können. Texte, die in einfacher Sprache verfasst sind, ermöglichen Menschen mit eingeschränkten sprachlichen Fähigkeiten, Inhalte zu verstehen. Das betrifft Menschen mit geistigen Behinderungen genauso wie solche, die die deutsche Sprache nur in Grundzügen beherrschen.

Literaturtipp

Schnerring, A./Verlan, S. (2014): Die Rosa-Hellblau-Falle. Für eine Kindheit ohne Rollenklischees. München: Antje Kunstmann.

Die Weltgesundheitsorganisation (WHO) hat in der International Classification of Functioning, Disability and Health (ICF 2001) Behinderung definiert und diesem Umstand Rechnung getragen. Behinderung entsteht aus dem Zusammenspiel von Gesundheitszustand und Körperfunktionen und -strukturen der Person, ihren Aktivitäten und Möglichkeiten zur Partizipation sowie personenbezogenen Faktoren und Umweltfaktoren. Alle Aspekte beeinflussen sich gegen- und wechselseitig. Inklusive Kitas halten das „behindert werden" so klein wie möglich. Einschränkende und diskriminierende Denkmuster, Kategorisierungen und Vorurteile über Normalität und Abweichung werden erkannt, benannt und reflektiert sowie im Team, mit Kindern, Eltern und anderen Interessierten thematisiert und bearbeitet. Das Augenmerk liegt außerdem auf Räumen, Materialien, Tagesabläufen und Aktivitäten, die inklusiv wirken. (Detaillierte Hinweise, was bei der Aufnahme eines Kindes mit Behinderung zu beachten ist, finden Sie am Ende von Kapitel II.)

Behinderung: Zusammenspiel verschiedener Faktoren

Folgende zwei Beispiele machen deutlich, dass Menschen trotz vergleichbarer Schädigung und Ausgangsdiagnose sehr unterschiedliche Entwicklungspfade und Lebenswege einschlagen können. Die Behinderung ist lediglich ein Faktor unter vielen, eine ebenso wichtige Rolle spielen die Persönlichkeit des Kindes und seine soziale Umgebung. Sie alle beeinflussen sich gegen- und wechselseitig.

Aus der Praxis

Beispiel 1: Ein Kind hat eine angeborene Fehlbildung des Innenohrs und eine damit einhergehende Hörschädigung (Gesundheitszustand, Körperfunktionen und -strukturen). Es erfolgt eine frühzeitige Diagnosestellung und das Kind bekommt mit ca. 6 Monaten ein Cochlea-Implantat und begleitend Frühförderung und Therapie. Die Eltern nehmen Kontakt zu einem Verband für gehörlose Menschen auf, besuchen dortige Spielgruppen und nehmen Unterricht in Gebärdensprache (Umweltfaktoren). Das Kind ist offen und neugierig. Es entwickelt sich gut, lernt sowohl Laut- als auch Gebärdensprache (personenbezogene Faktoren). Es besucht einen integrativen Kindergarten in der Nachbarschaft und findet gute Freunde. Mit 7 Jahren besucht es eine Regelschule und kommt dort gut zurecht (Aktivitäten und Partizipation).

Reflexionsfragen zu Bedürfnissen, Kompetenzen und Ressourcen von Kindern und Familien

Folgende Fragen helfen dabei, die Kinder und Familien bewusst wahrzunehmen und (noch) besser kennenzulernen:

- Was für Kinder und Familien besuchen unsere Kita?
- Was zeichnet unsere Kinder und Familien aus?
- Welche Gemeinsamkeiten haben die Kinder?
- Wo gibt es Unterschiede zwischen den Kindern?
- Welche Kompetenzen hat das einzelne Kind?
- Welche Herausforderungen stellen sich dem einzelnen Kind?
- Was brauchen die Kinder und Familien, um sich bei uns wohl und in ihrer Einzigartigkeit wahr- und angenommen zu fühlen?
- Wie kann jede*r Einzelne gleichberechtigt am Alltag teilnehmen?

Beispiel 2: Ein Kind hat eine angeborene Fehlbildung des Innenohrs und eine damit einhergehende Hörschädigung. Die Hörschädigung wird mit 26 Monaten diagnostiziert, als das Kind in seiner sprachlichen Entwicklung zurückbleibt und durch ängstliches und aggressives Verhalten auffällt. Es besucht zu diesem Zeitpunkt bereits eine Kita. Es bekommt ein Cochlea-Implantat, erhält begleitend Frühförderung und Therapie und besucht eine integrative Kita, die ca. 30 km entfernt ist und zu der es jeden Tag mit dem Fahrdienst gebracht wird. In der Nachbarschaft gibt es keinen integrativen Kindergarten. Das Kind lernt die Laut- und Gebärdensprache nur langsam. Vor Ort gibt es keine Möglichkeit, andere gehörlose Kinder zu treffen. Mit 7 Jahren besucht es eine Schule mit Förderschwerpunkt Hören und kommt dort gut zurecht.

Inklusion bedeutet: Entwicklungsmöglichkeiten trotz Einschränkungen

Jedes Kind in seiner Einzigartigkeit sehen und annehmen

II. Grundlagen inklusiver pädagogischer Praxis

1. Ein gemeinsamer Weg

Teams, die sich auf den Weg machen, ihre Kita zu einer inklusiven Einrichtung weiterzuentwickeln, stehen vor vielfältigen Herausforderungen. Letztere sind genauso unterschiedlich und individuell wie die betreuten Kinder und deren Familien und wie die Kolleginnen und Kollegen, die den Alltag in der Kita gestalten. Es gibt deshalb keine Herangehensweise, die für alle Kitas, für alle Kinder und Familien und für alle Teams funktioniert. Inklusion und alle inklusiven Bemühungen setzen immer bei den Kindern und Eltern an, die die Kita bereits besuchen. Das ist ein großer Vorteil. Denn es geht zunächst nicht um theoretische Überlegungen. Es geht ganz konkret um die Menschen, mit denen die Fachkräfte täglich zusammenarbeiten und deren Bedürfnisse, Kompetenzen, Schwierigkeiten und Hintergründe ihnen vertraut sind.

Inklusion ist ein Weg, den Fachkräfte, Kitaleitung, Träger und Familien gemeinsam gehen. Ziel ist eine Kita, die offen ist für alle Kinder und ihre Familien. Fachkräfte, Kinder und Familien leben gemeinsam einen Alltag, an dem alle gleichberechtigt teilnehmen und in ihrer Einzigartigkeit gesehen und angenommen werden. Das bewusste Erleben von „Gemeinsamkeit in der Vielfalt“ ist in inklusiven Kitas beides: Ausgangspunkt und Ziel. Inklusion passiert nicht nebenbei, sie muss von Träger, Leitung und Team gewollt, beschlossen und gestaltet werden. Das nimmt Zeit in Anspruch. Zeit, die den Beteiligten zugestanden werden muss.

Sich auf eine lange Wanderung einstellen

Eine Regel- oder eine Integrationseinrichtung wird nicht von heute auf morgen zu einer Inklusionseinrichtung. Eine Teamfortbildung zum Thema und die Überarbeitung der Konzeption sind wichtige Schritte, aber sie reichen bei Weitem nicht aus. In letzter Konsequenz trägt und lebt das Team Inklusion – oder eben nicht. Der Weg hin zu einer inklusiven Kita ist vergleichbar mit einer langen Wanderung: Sind die Fachkräfte nicht bereit, den Gipfel zu erklimmen, oder fehlt ihnen die nötige Kraft, wird das Gehen schon nach kurzer Zeit ins Stocken geraten. Das Team braucht zeitliche Freiräume, in denen es die vielen kleinen Schritte, die für Inklusion notwendig sind, planen und umsetzen kann. Werden diese Zeiten nicht freigeräumt, kann Inklusion nicht funktionieren und bleibt eine leere Worthülse. Um eine Wanderung vorbereiten zu können, ist es wichtig zu wissen, wer die Teilnehmer*innen sind. Dabei geht es nicht nur um die Kinder und Familien, auch die Fachkräfte spielen eine wichtige Rolle. Sie haben vielfältige Kompetenzen, Ressourcen und Potenziale, die sie zum einen in formalen Lern- und Bildungszusammenhängen, z. B. durch Fortbildungen, Supervision oder Studium von Fachliteratur, erworben haben. Zum anderen sind auch informelle Zusammenhänge ein lebendiger Pool, der genutzt werden will. Dazu gehören z. B. individuelle Hobbys, Interessen und Erlebnisse oder ehrenamtliche Tätigkeiten. Diese Ressourcen gilt es aufzuspüren und für die pädagogische Praxis nutzbar zu machen.

Ein wichtiger Schritt dabei ist, dass die Fachkräfte erkennen, dass nicht nur jede und jeder Einzelne bestimmte Fähigkeiten besitzt und vor gewissen Herausforderungen steht, sondern dass auch die Gruppe als Ganzes Kompetenzen und Stärken in sich vereint und vor bestimmten Herausforderungen steht. In Kooperation miteinander können alle Mitarbeitenden sich weiterentwickeln und Schwierigkeiten gemeinsam bearbeiten. Bei all dem spielt die Haltung des Teams eine wichtige Rolle: Nur wenn es Vielfalt wertschätzt, sie als Teil des menschlichen Lebens begreift und als bereichernd für die Kita insgesamt sowie für das pädagogische Arbeiten im Besonderen wahrnimmt, kann das Team Inklusion authentisch (vor)leben. Während der Wanderung hin zu einer inklusiven Einrichtung sollten sich alle Mitarbeitenden immer wieder diesbezüglich reflektieren. Fragen dazu können nicht in einer einzelnen Teamsitzung beantwortet werden, sondern brauchen Zeit zur Beobachtung und zum Überdenken.

Reflexionsfragen zu Bedürfnissen, Kompetenzen und Ressourcen im Team

Folgende Fragen helfen dabei, die Kompetenzen und Herausforderungen der pädagogischen Fachkräfte aufzuspüren:

- Welche Kompetenzen und Stärken habe ich?
- Bei welchen Aspekten bzw. in welchen (Teil-)Bereichen nehme ich mich als besonders kompetent wahr? Warum?
- Bei welchen Aspekten bzw. in welchen (Teil-)Bereichen stellen sich mir besondere Herausforderungen? Warum?
- Welche Stärken und Kompetenzen haben wir als Team? Wo funktioniert die Zusammenarbeit besonders gut?
- Was unterscheidet uns von anderen Einrichtungen? Wo können andere Kita-Teams etwas von uns lernen?
- Welche Herausforderungen und Schwierigkeiten stellen sich uns als Team? Wo könnten wir (noch) besser zusammenarbeiten?
- An welchen Stellen können wir etwas von anderen Kita-Teams lernen?

Literaturtipp

Gewerkschaft Erziehung und Wissenschaft (Hrsg.) (2012): Index für Inklusion (Tageseinrichtungen für Kinder) – Spiel, Lernen und Partizipation in der inklusiven Kindertageseinrichtung entwickeln. 5. Auflage. www.gew.de/aktuelles/detailseite/neuigkeiten/index-fuer-inklusion-in-kindertageseinrichtungen-gemeinsam-leben-spielen-und-lernen/

Auf eine inklusive Haltung kommt es an

2. Die Haltung der Fachkräfte

Der Schlüssel, um Gemeinsamkeit in der Vielfalt leben zu können, ist die Anerkennung von Individualität und Unterschiedlichkeit aller Menschen. Die Fähigkeit, andere in ihrem Selbst anzuerkennen, erlernen wir, indem wir schon als Kind so anerkannt werden, wie wir sind. Kinder, die in ihrem Sosein und in ihrer Einzigartigkeit wahr- und angenommen werden, lernen, sich selbst und damit auch andere zu achten.

Die Haltung der pädagogischen Fachkräfte sollte verschiedene Aspekte beinhalten:

1. Gleichwertigkeit anerkennen

- Inklusion erkennt die Gleichwertigkeit der Verschiedenen an: Jeder Mensch ist gleich und jeder Mensch ist verschieden. Alle Menschen sind gleichwertig und gleichwürdig, aber nicht gleichartig. Jede*r von uns hat ein Anrecht auf Lebensglück, auf Achtung ihrer/seiner Persönlichkeit und Menschenwürde und darauf, ihr/sein Leben nach den eigenen Wünschen zu gestalten.
- Inklusion lebt diese Gleichwertigkeit, ohne alle gleich zu behandeln. Denn jede*r ist anders. Jede*r von uns ist einmalig und einzigartig und hat ihre/seine eigene Perspektive auf die Welt. Wir haben verschiedene Kompetenzen und Bedürfnisse. Eine Gleichbehandlung kann daher nur ungerecht sein und führt zu mehr Ungleichheit.
- Jede*r hat eigene Wünsche und Vorstellungen von einem glücklichen und erfüllten Leben. Nicht immer können wir diese aus unserer Perspektive nachvollziehen. Das ist in Ordnung. Wir können unsere Sicht auf die Welt vertreten, ohne die der anderen abzuwerten. Verschiedene Menschen mit un-

Gleichheit – Gerechtigkeit – Inklusion

Gleichbehandlung
Jede*r bekommt unabhängig von seinen/ihren Bedürfnissen die gleiche Unterstützung (sogenanntes Gießkannenprinzip).

Gerechtigkeit
Jede*r bekommt die Unterstützung, die sie/er braucht, um gleichberechtigt teilnehmen zu können.

Inklusion
Die Rahmenbedingungen werden so angepasst, dass jede*r ohne fremde Unterstützung gleichberechtigt teilnehmen kann.

terschiedlichen Kompetenzen, Einstellungen und Lebensweisen bereichern unsere Gesellschaft. Diskriminierenden Ansichten und Handlungen muss entschieden entgegengetreten werden. Respekt für vielfältige Weltanschauungen und Einstellungen findet da die Grenze, wo Menschen abgewertet und ausgegrenzt werden.

Jede Familienkultur wird respektiert

2. Interkulturelle Kompetenzen

Eine wichtige Rolle beim Leben von Inklusion spielen die sogenannten interkulturellen Kompetenzen, die sich auf drei Ebenen – Selbst-, Sozial- und Sachkompetenz – abbilden lassen. Die folgenden Kompetenzen sind auch in der Zusammenarbeit mit Menschen aus unserem eigenen Kulturkreis wichtig. Denn auch sie können Erfahrungen gemacht haben und aus Familienkulturen und sozialen Schichten stammen, die uns fremd sind.

- Selbstkompetenz: das eigene Verhalten im Umgang mit anderen Menschen reflektieren und verstehen können; sich seiner kulturellen Herkunft und der selbst erlebten Familien- und Erziehungskultur bewusst sein; sich aktiv mit eigenen Vorurteilen und stereotypen Vorstellungen auseinandersetzen.
- Sozialkompetenz: Fähigkeiten zum Dialog und zur Empathie; Kindern und Erwachsenen aktiv zuhören und gezielt nachfragen; Bedürfnisse und Wünsche des/der anderen erkennen, verstehen und diese angemessen berücksichtigen.
- Sachkompetenz: das Wissen über verschiedene Kulturen, Kulturdimensionen, Diskriminierungen, Ursachen von Migration sowie mögliche Belastungen, die Menschen aufgrund ihrer Herkunft, ihrer kulturellen Zugehörigkeit oder ihres sozialen Status erleben.

3. Vorurteilsbewusste Erziehung

Ein Ansatz, der die Anerkennung von Vielfalt zum Ziel hat, ist die vorurteilsbewusste Erziehung (engl. Anti-Bias-Approach). In Deutschland setzt sich vor allem die Fachstelle Kinderwelten (Berlin) für dessen Verbreitung ein. Kinder werden dabei unterstützt, ein kompetentes Selbstkonzept zu entwickeln, sich empathisch gegenüber anderen zu verhalten, für sich selbst und andere einzustehen und kritisch gegenüber allen Arten von Ausgrenzungen zu sein. Das soll über vier grundlegende Ziele erreicht werden:

- Alle Kinder werden in ihren Identitäten gestärkt: Jedes Kind wird anerkannt und wertgeschätzt – als Individuum und gleichzeitig als Mitglied verschiedener sozialer Gruppen. Jedes Kind wird dabei unterstützt, sich positiv mit den eigenen Bezugsgruppen zu identifizieren.
- Alle Kinder können Erfahrungen mit Vielfalt sammeln: Die Kinder erkunden Gemeinsamkeiten und Unterschiede zwischen Menschen und verinnerlichen so, dass Menschen einander gleichzeitig ähnlich und anders sind. Fähigkeiten zur Empathie und Perspektivenübernahme werden gestärkt.
- Jedes Kind lernt Einseitigkeiten, Vorurteile und Diskriminierungen immer besser zu erkennen: Es kann ungerechte, stereotype und verletzende Botschaften oder Handlungen, die gegen es selbst oder gegen andere gerichtet sind, zunehmend in Worte fassen und ihnen widerstehen. Es entwickelt die Fähigkeit, kritisch zu denken.
- Jedes Kind kann erlebte Vorurteile und Diskriminierungen aktiv zurückweisen: Das Kind setzt sich allein oder gemeinsam mit anderen gegen stereotype und andere herabwürdigende Äußerungen oder Handlungen zur Wehr. Es erlebt sich so als aktiv Handelnde*r in einer Gesellschaft, der es sich zugehörig fühlt und von der es angenommen wird.

Aus der Praxis

Im Morgenkreis fragt die Erzieherin: „Wer möchte die Kinder in einer anderen Sprache zählen?" Anstatt gezielt zweisprachige Kinder aufzufordern, in ihrer Familiensprache zu zählen (z. B. „Samed, möchtest du die Kinder auf Türkisch zählen?"), stellt sie die Frage bewusst offen. So eröffnet sie einen Freiraum, in dem die Kinder ihre sprachlichen Kompetenzen zeigen können, und vermeidet gleichzeitig, bestimmte Kinder als „anders" oder „fremd" zu kennzeichnen.

Reflexionsfragen zur eigenen Wertehaltung

Wie gut gelingt es Ihnen im pädagogischen Alltag, jedes Kind „sein" zu lassen? Bewerten und diskutieren Sie im Team folgende Aussagen:

- Die Kinder dürfen frei wählen, an welchen Aktivitäten und Angeboten sie teilnehmen.
- Die Kinder dürfen frei wählen, was sie spielen möchten. Das gilt auch für sogenannte Kampfspiele.
- Die Kinder dürfen selbst entscheiden, was und wie viel sie essen.
- Die Kinder dürfen selbst entscheiden, von wem sie gewickelt werden.

3. Inklusion und Sprache

Im menschlichen Leben spielt Sprache eine herausragende Rolle. Sprache erschafft unsere Welt, sie bestimmt unsere Wahrnehmung und unser Denken. Wir müssen Worte sensibel und bedacht einsetzen und uns der Macht bewusst sein, die sprachliche Zuschreibungen auf die Wahrnehmungen und Deutungen von Kindern und Erwachsenen haben.

Gebärden einüben und damit nonverbal kommunizieren

Literaturtipp

Institut für den Situationsansatz (ISTA) u. a. (Hrsg.) (ab 2016): KiDs aktuell. Kostenloser Download unter: www.situationsansatz.de/kids.html

Wagner, P. (Hrsg.) (2017): Handbuch Inklusion: Grundlagen vorurteilsbewusster Erziehung und Bildung. Freiburg: Herder.

Bei Inklusion spielt Sprache auf zwei Ebenen eine Rolle:

- Wie wir Sprache verwenden: Welche Worte nutzen oder nutzen wir nicht? Welche Botschaften und Bilder transportieren wir damit?
- Wie wir einander verstehen: Können wir uns erfolgreich mitteilen und verstehen, was andere uns mitteilen möchten?

Sprache schließt ein und grenzt aus

In unseren Worten und Formulierungen finden sich Kinder und Familien wieder oder fühlen sich unsichtbar, nicht beachtet und ausgegrenzt. Welches Bild von Normalität zeichnen wir, wenn wir „hautfarben" sagen und damit nur helle Haut meinen? Was sagen wir aus, wenn wir anmerken: „Rihanna kann noch nicht richtig sprechen", obwohl Rihanna Arabisch schon gut beherrscht und nur im Deutschen noch am Beginn der Sprachentwicklung steht? Was empfinden Kinder, die ohne Vater aufwachsen bzw. deren Großeltern weit entfernt wohnen, bei einem „Vater-Kind-Basteln" oder bei einem „Oma- und Opa-Nachmittag"?

Eine besondere Bedeutung hat eine sogenannte geschlechtergerechte Sprache, die die Gleichstellung der Geschlechter zum Ausdruck bringt. Dazu gehört z. B., beide Geschlechter im Sprachgebrauch sichtbar zu machen und selbstverständlich die weibliche und die männliche Form zu verwenden. Denn Sprache macht Menschen und Menschengruppen sichtbar oder unsichtbar. Und mit Menschen, die unsichtbar sind, einfach weil sie nicht benannt werden, können Kinder sich nicht identifizieren. Das zeigt sich z. B. bei Untersuchungen zu Vorstellungen von Berufen und späteren Berufswünschen. Wurden bei Berufen die männliche und weibliche Form genannt, sprach man also z. B. durchgängig von Feuerwehrmännern und Feuerwehrfrauen, von Krankenschwestern und Krankenpflegern oder Astronauten und Astronautinnen, trauten sich Kinder – Mädchen wie auch Jungen – eher zu, solche Berufe zu erlernen (vgl. Scholz 2015).

Respektvolle und wertschätzende Sprache

Unsere Worte übermitteln nicht nur Informationen, sie transportieren immer auch Emotionen und Bewertungen. Der bekannte Kommunikationswissenschaftler Paul Watzlawick spricht von einem Inhalts- und einem Beziehungsaspekt, den jede Kommunikation beinhaltet. An der Art, wie wir mit jemandem oder über etwas sprechen, kann unser Gegenüber erkennen, was wir von einer Person, einer Sache bzw. einer Situation halten. Wir transportieren Wertschätzung und Respekt oder Missachtung und Unverständnis. Als Fachkräfte müssen wir stetig reflektieren, was unsere Sprache und Aussprache Kindern und Erwachsenen vermittelt: Nennen wir Kinder bei dem Namen, mit dem sie gerufen werden wollen? Oder verwenden wir (evtl. sogar vom Kind abgelehnte) Verniedlichungen, Kose- oder Spitznamen? Bemühen wir uns um eine korrekte Aussprache, auch von Namen, die uns weniger geläufig sind? Wichtig ist auch, Kinder nicht auf bestimmte positive oder negative Eigenschaften oder Verhaltensweisen zu reduzieren, sie also nicht als „Heulsuse" oder „Spaßvogel" zu bezeichnen. Solche Zuschreibungen schränken den Blick auf den Menschen ein und verhindern, dass wir ihn in seiner Einzigartigkeit und seinem Facettenreichtum wahr- und annehmen. Ebenso ist zu beachten, keine sprachlichen Herabsetzungen und Diskriminierungen zu verwenden, egal ob diese negativ oder positiv gemeint sind, z. B. „Du bist doch kein Baby mehr" oder „Du benimmst dich wie ein Mädchen".

Mehrsprachigkeit als Schatz erleben

Kinder, die mit zwei oder mehr Sprachen aufwachsen, sind in verschiedenen Bereichen kompetenter als ihre einsprachigen Peers. Sie sind sowohl in der sozialen als auch in der kognitiven Entwicklung einsprachig aufwachsenden Kindern häufig überlegen und können sich z. B. besser in die Perspektive von anderen hineinversetzen, Konflikte leichter lösen und sich besser konzentrieren. Im Jugend- und Erwachsenenalter erlernen sie weitere Sprachen vergleichsweise müheloser und schneller. Nachteile beim parallelen Erwerb zweier Sprachen sind in der Regel nicht zu erwarten. Mehrsprachig aufwachsende Kinder durchlaufen die gleichen Spracherwerbsphasen wie einsprachige. Der Erwerb von zwei Sprachen überfordert sie normalerweise nicht und sie lernen auch nicht langsamer sprechen, beginnen aber im Vergleich zu einsprachigen Kindern oft etwas später. Auch das Risiko, eine Spracherwerbsstörung zu entwickeln, ist nicht erhöht. In der Regel entwickelt das Kind allerdings eine der Sprachen schneller und spricht diese dann auch bevorzugt. Meist ist das die Sprache, die in seinem Leben eine größere emotionale Bedeutung hat. Das kann sich im Laufe der Zeit mehrmals ändern und das Kind spricht dann abwechselnd die eine oder die andere Sprache besser und setzt sie auch häufiger ein. Das ist normal und sollte von den Bezugspersonen mit einer wertschätzenden und akzeptierenden Haltung beantwortet werden (vgl. Hundegger/Lipowski/Lischke-Eisinger 2014; Ocak/Spaerke 2012; Overmann 2009).

Ein Aufwachsen mit mehreren Sprachen ist für das Kind also ein wahrer Glücksfall. Eigentlich. Denn wie oft hören wir Sätze wie „Das Kind soll erst mal richtig Deutsch lernen" oder „So lernt es weder die eine noch die andere Sprache richtig"? Interessant ist, dass solche negativen Zuschreibungen nicht alle Sprachen gleichermaßen betreffen. Während osteuropäische Sprachen oder Sprachen aus dem asiatischen Raum eher auf Ablehnung stoßen und mit Schwierigkeiten assoziiert werden, werden Sprachen aus westeuropäischen Kulturkreisen (wie Englisch, Schwedisch oder Französisch) in der Regel eher positiv bewertet. Bei diesen Sprachen sind die Einschätzungen überwiegend zuversichtlich: „Das kann das Kind später mal gut gebrauchen." Es ist erstaunlich, wie unterschiedlich Mehrsprachigkeit wahrgenommen wird. Die Tendenz, verschiedene Muttersprachen als positiv oder negativ für die Entwicklung des Kindes zu bewerten, muss bewusst hinterfragt und ihr muss aktiv entgegengewirkt werden. In Fachkreisen gelten übrigens

Praxistipp

Mehrsprachig singen und vorlesen

Lieder sind eine schöne Variante, um verschiedene Sprachen im Alltag willkommen zu heißen. Das beliebte „Hallo, hallo, schön, dass du da bist" kann wunderbar in verschiedenen Sprachen gesungen werden, z. B. indem das „Hallo" durch die arabische Begrüßung „Salam" ersetzt wird.

Eine andere Möglichkeit ist das zweisprachige Vorlesen bzw. Nacherzählen von Bilderbüchern oder kurzen Geschichten. Wählen Sie Bücher aus, die die Kinder bereits kennen, oder lassen Sie Lieblingsbücher von zu Hause mitbringen. Sowohl bei der Buchauswahl als auch beim Vorlesen können außerdem die Eltern sehr gut miteinbezogen werden.

auch Kinder als zweisprachig, die – neben der Hochsprache – mit einem starken regionalen Dialekt aufwachsen. Und auch diese Kinder machen regelmäßig die Erfahrung, dass ihr Dialekt von Außenstehenden abgewertet oder lächerlich gemacht wird.

Folgende Grundsätze helfen mehrsprachig aufwachsenden Kindern, Umgebungs- und Familiensprache(n) ungestört zu erwerben:

1. Verlässliche muttersprachliche Vorbilder

Der Spracherwerb gelingt dann besonders gut, wenn das Kind ganz selbstverständlich mit beiden Sprachen lebt. Jede Bezugsperson spricht mit dem Kind durchweg die Sprache, die sie selbst am besten kann, in der Regel also die eigene Muttersprache. Der gut gemeinte Rat an anderssprachige Eltern, mit ihrem Kind zu Hause (auch) deutsch zu sprechen, ist nicht sinnvoll. Sprechen die Eltern nicht auf muttersprachlichem Niveau Deutsch, kann sich das negativ auf den Erwerb beider Sprachen auswirken. Die Eltern sind dem Kind als wichtigste Bindungspersonen dann weder in der einen noch in der anderen Sprache ein zuverlässiges und kompetentes Vorbild. Wechseln nahe Bezugspersonen zwischen verschiedenen Sprachen hin und her, fällt es dem Kind schwer, beide Sprachen zu unterscheiden. Und es läuft Gefahr, keine der beiden Sprachen vollständig zu erwerben. Die sichere Beherrschung mindestens einer Sprache, ganz egal welcher, ist die wichtigste Grundlage für den Erwerb jeder weiteren Sprache.

Bildkarten unterstützen die Verständigung

2. Auf die sprachlichen Bedürfnisse des Kindes eingehen

Es ist besonders wichtig, gezielt und regelmäßig zu beobachten, wo das Kind in seiner Entwicklung steht und welche sprachlichen Angebote es braucht. Ein Kind, egal wie alt, das mit dem Deutschen noch wenig vertraut ist, muss sich zunächst in die Sprache einhören. Fingerspiele, Reime und Lieder sowie eine damit einhergehende rhythmische Betonung von Silben, Wörtern und Sätzen helfen ihm dabei. Ein Kind, das schon einzelne Worte in der neuen Sprache gelernt hat, möchte vielleicht seinen Wortschatz erweitern und deutet unermüdlich auf Gegenstände und Personen, eventuell verbunden mit einem neugierigen „Was ist das?“. Während wir das bei einem 1-, 2- oder 3-jährigen Kind als normal empfinden, irritiert uns das gleiche Verhalten bei einem 5-, 6- oder 7-jährigen Kind vielleicht. Für seine sprachliche Entwicklung ist es aber wichtig, dass seine Fragen nach der Bezeichnung von Gegenständen, Personen und Tätigkeiten geduldig und zugewandt beantwortet werden. Der Schlüssel liegt darin, ihm das anzubieten, wonach es verlangt – auch wenn wir aufgrund seines Alters eigentlich etwas anderes erwarten würden. Jedes Kind weiß selbst am besten, was es gerade braucht.

3. Mehrsprachigkeit Raum geben

Im pädagogischen Alltag können die Familiensprachen der Kinder selbstverständlicher Teil von Aktivitäten und Routinen sein. Die Möglichkeiten, verschiedene Sprachen in den Alltag einfließen zu lassen, sind fast unerschöpflich. Wichtig ist, dass alle Kinder gleichermaßen angesprochen werden. Es werden also z. B. alle Kinder, nicht nur die Arabisch sprechenden, auf Arabisch begrüßt. Zudem dürfen Kinder nicht „gezwungen“ werden, ihre Familiensprache zu nutzen bzw. sich über diese zu identifizieren; auch ein italienisches Kind möchte vielleicht lieber auf Deutsch oder Türkisch zählen. Die Familiensprachen sollen selbstverständlicher Bestandteil des Lebens im Kindergarten sein und nicht als etwas „Exotisches" und „Fremdes" wahrgenommen werden. Kinder, die sich in beiden Sprachen wohlfühlen, die beide frei und ungezwungen nutzen und entdecken dürfen und die für beide Akzeptanz und Wertschätzung erfahren, haben die besten Voraussetzungen für eine positive sprachliche Entwicklung. Familiensprachen sind auch eine gute Möglichkeit, die Eltern einzubinden, z. B. bei der Übersetzung von Wörtern oder beim Erlernen von Kinderliedern und Reimen. Eltern können ihre sprachlichen Kompetenzen einbringen und erfahren gleichzeitig Interesse, Anerkennung und Wertschätzung.

Besonderheiten in der sprachlichen Entwicklung

Die sprachlichen Fähigkeiten und Fertigkeiten von Kindern können – abhängig von Alter und Entwicklungsstand – sehr unterschiedlich sein. Diese sprachliche Entwicklungsvielfalt ist in inklusiven Kitas noch deutlicher ausgeprägt als in sogenannten Regeleinrichtungen. Die Kinder sprechen z. B. unterschiedliche Familiensprachen, haben verschiedene sprachliche Einschränkungen und Behinderungen oder bekommen in ihrem familiären und sozialen Umfeld unterschiedliche sprachliche Anregungen. Bei der Arbeit mit Kindern mit Behinderungen ist es wichtig, sich mit den Besonderheiten der sprachlichen Entwicklung vertraut zu machen, die bestimmte Behinderungsformen mit sich bringen können. Neben entsprechender Fachliteratur sind Fachkräfte aus der Frühförderung wie Logopäd*innen, Sprachheiltherapeut*innen und Heilpädagog*innen wichtige Ansprechpartner*innen.

Bei der Förderung von Kindern mit sprachlichen Entwicklungsverzögerungen oder -störungen, egal ob diese mit einer spezifischen Behinderung einhergehen oder nicht, muss stets ein externes Unterstützungssystem (Kinderarzt/Kinderärztin, Frühförderzentrum, Logopäd*in) einbezogen werden – auch um sicherzustellen, dass das Kind die notwendigen Förder- und Therapiemaßnahmen bekommt. Eine enge Zusammenarbeit mit den Eltern ist an dieser Stelle besonders wichtig. Neben externen Expert*innen sind auch die pädagogischen Fachkräfte in besonderem Maße gefordert. Jedes Kind möchte sich mitteilen, will verstehen und verstanden werden. Kern und Ziel aller inklusiven Bemühungen ist eine aktive und selbstbestimmte Teilhabe an allen Aspekten des Kita-Alltags. Kommunikation spielt dabei eine herausragende Rolle. Unsere Aufgabe ist es, auch Kindern, die die Lautsprache nicht bzw. nicht in vollem Umfang nutzen können, den Zugang zu Kommunikation und somit zum Leben in der Gemeinschaft zu ermöglichen.

Wichtig: gemeinsame Aktionen ohne Sprachbarrieren

Grundsätze der sprachlichen Entwicklungsbegleitung

Die im Folgenden beschriebenen Strategien unterstützen alle Kinder bei der sprachlichen Entwicklung, egal ob sie ein- oder mehrsprachig aufwachsen, sich sprachlich gut entwickeln oder im Vergleich zu ihren Altersgenoss*innen zurückbleiben.

Literaturtipp

Hering, W. (2018): Leichter Deutsch lernen mit Musik. Lieder, Spiele und Reime zur Sprachförderung in Kita und Schule. München: Don Bosco.

Loos, R./Grannemann, P. (2007, 2015, 2015): Praxisbuch Spracherwerb. Sprachförderung im Kindergarten. Band 1, 2 & 3. München: Don Bosco.

Rothweiler, M./Ruberg, T. (2011): Der Erwerb des Deutschen bei Kindern mit nichtdeutscher Erstsprache. Weiterbildungsinitiative Frühpädagogische Fachkräfte. WiFF Expertise, Band 12. München. www.weiterbildungsinitiative.de/uploads/media/WiFF_Expertise_12__RothweilerRuberg_Internet.pdf

Die Sprachförderkraft gibt gezielte Unterstützung

1. Sprachvorbild sein

Erwachsene sind für Kinder wertvolle Sprachvorbilder. Kinder lernen Sprache und entwickeln kommunikative Fähigkeiten im Gespräch mit anderen Menschen, durch Nachahmung und Wiederholung. Bieten Sie den Kindern einen thematisch vielfältigen und reichhaltigen Wortschatz an und achten Sie auf eine klare Aussprache und einen korrekten Satzbau. Passen Sie Ihre sprachlichen Äußerungen den Kompetenzen der Kinder an. Auch einfache, dem Entwicklungsniveau des Kindes entsprechende Sätze bieten eine reiche Variationsbreite. Neben den formalen Aspekten der Sprache (z. B. Grammatik, Wortbildung) spielt auch die sogenannte non- und paraverbale Kommunikation eine wichtige Rolle. Mimik und Gestik, Blickkontakt, Lautstärke, Tempo, Betonung und der damit einhergehende gefühlsmäßige Ausdruck transportieren wichtige Informationen und helfen dem Kind, das Gesprochene zu verstehen und einzuordnen. Aufmerksames Zuhören, interessiertes Nachfragen und Vertiefen der gemeinsamen Gedanken lehren das Kind, wie man Gespräche führt, und vermitteln ihm Wertschätzung. Eine zugewandte Grundhaltung und das Achten auf Gemeinsamkeit und Wechselseitigkeit im Dialog sind weitere wichtige Merkmale kompetenter Sprachvorbilder.

Praxistipp

Familiensprachen der Kinder in den Kita-Alltag integrieren

- Neben einem freundlichen „Guten Morgen" werden Kinder und Eltern auch in anderen Sprachen begrüßt, z. B. in einer Woche auf Deutsch und auf Russisch und in der nächsten auf Deutsch und Belgisch, oder die verschiedenen Wochentage sind bestimmten Sprachen zugeordnet.
- Im Morgenkreis zählen die Kinder in unterschiedlichen Sprachen oder singen gemeinsam Lieder in den Familiensprachen.
- Beim Essen werden Speisen benannt oder der Tischspruch wird auf Deutsch und Kroatisch gesprochen.
- Beim Bewegungsspiel werden die Wörter „Feuer", „Wasser", „Luft" durch die arabischen Begriffe ersetzt.

2. Sprachliche Kompetenzen anerkennen und fördern

Jedes Kind soll sich in seinen sprachlichen Äußerungen wahrgenommen und verstanden fühlen. Immer gilt der Grundsatz: „Inhalt vor Form." Alle Äußerungen sind es wert, gehört zu werden, ganz egal, ob das Kind in ganzen Sätzen oder in Ein-Wort-Äußerungen spricht, individuelle Wortschöpfungen nutzt oder hauptsächlich Laute, Mimik und Gestik einsetzt. Alle Beiträge des Kindes müssen wertgeschätzt, ernst genommen und aufgegriffen werden. Es ist nicht wichtig, wie das Kind etwas sagt, sondern nur, was es uns sagen will. Aufforderungen wie „Sprich in ganzen Sätzen" oder das Übergehen von vermeintlich „falschen" oder „unschönen" Äußerungen sind nicht hilfreich. Sie setzen das Kind herab und ignorieren sein Bedürfnis und sein Bemühen, sich uns mitzuteilen. Ein Kind, dessen Äußerungen wertgeschätzt und ernst genommen werden, fühlt sich wahr- und angenommen und wird in seinem Bemühen, sich mitzuteilen und in Kontakt zu treten, bestärkt.

3. Alternative Kommunikationsformen einsetzen

In Kindergruppen, in denen die sprachlichen Kompetenzen weit auseinandergehen, ist es sinnvoll, die Verbalsprache durch andere Kommunikationsformen zu ergänzen. Dazu eignen sich z. B. Bilder, Fotos oder Piktogramme. Sie helfen vor allem

- sehr jungen Kindern,
- Kindern mit Behinderungen (z. B. Hörbeeinträchtigungen, geistigen oder körperlichen Einschränkungen) oder auch
- Kindern, die die deutsche Sprache erst lernen,

das Gesagte besser zu verstehen und sich mitzuteilen. Gerade Kinder, die erst mit 3 Jahren oder später Deutsch lernen, beherrschen ihre Familiensprache in der Regel schon gut. Für sie können Verständnis- und Mitteilungsprobleme sehr verunsichernd und frustrierend sein. Durch Deuten, Greifen oder auch durch das Richten des Blickes auf ein bestimmtes Bild bzw. eine Bilderfolge teilt das Kind sich mit und auch die Fachkräfte nutzen die Bilder im Gespräch. Für Kinder, die solche alternativen Kommunikationsformen hauptsächlich oder auch exklusiv nutzen, werden individuelle Kommunikationstafeln oder Kommunikationsbücher angefertigt, in die die Symbole eingeordnet und laufend ergänzt werden. Das Kind hat seinen „eigenen“ Wortschatz so immer dabei. Verbreitete Symbolkartensammlungen, die sich für den Einsatz in Kitas anbieten, sind z. B. die „PCS – Picture Communication Symbols“ von Mayer-Johnson oder das Symbolsystem von Metacom.

4. Gebärden einsetzen

Eine weitere Möglichkeit ist der Einsatz von Gebärden. In Kitas werden meist sogenannte lautsprachbegleitende Gebärden eingesetzt, bei denen die Lautsprache durch einzelne Gebärden ergänzt wird. Die Bezugsperson spricht ganz „normal“ und gebärdet einzelne Schlüsselwörter. Sie sagt z. B. „Jetzt gehen wir Mittagessen“ und gebärdet „Essen“ oder sie fragt „Möchtest du spielen?“ und gebärdet „spielen“. Der Einsatz von lautsprachbegleitenden Gebärden unterstützt den Erwerb der Lautsprache. Gebärden helfen Kindern, gesprochene Worte zu verstehen und zu erinnern, sie dienen als eine Art Eselsbrücke. Ein Kind, das einzelne Gebärden versteht und aktiv nutzen kann, erlebt sich als selbstwirksam. Es versteht und wird verstanden, ist motiviert, sich anderen mitzuteilen, und treibt so seine sprachliche Entwicklung und seine lautsprachlichen Fähigkeiten voran. In inklusiven Kitas ist es sinnvoll, lautsprachbegleitende Gebärden im Gespräch mit allen Kindern und der ganzen Kindergruppe einzusetzen. So lernen alle ganz selbstverständlich die Bedeutung der Gebärden, können ihre gebärdenden Freunde und Freundinnen im Gespräch verstehen und selbst Gebärden einsetzen.

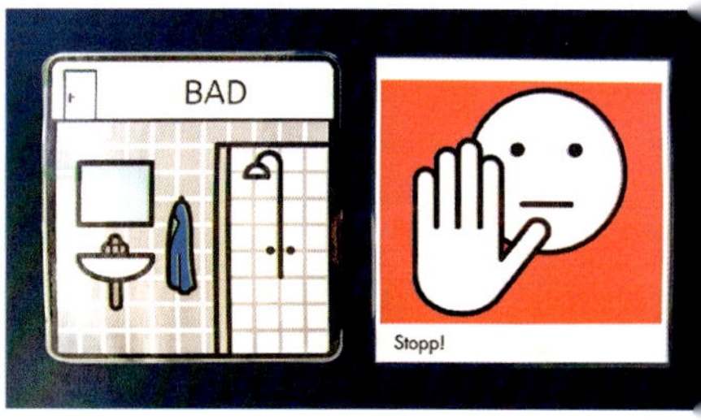

Praxistipp

Arbeit mit Bildern, Fotos und Piktogrammen

Die Arbeit mit Bildern, Fotos oder Piktogrammen ist grundsätzlich in allen Bereichen und bei allen Aktivitäten in Kindergarten und Krippe möglich.

- Im Morgenkreis wird das gemeinsame Singen durch Bildkarten begleitet. Mithilfe von Bildkarten wählen die Kinder, welches Lied gesungen wird. Während des Singens werden die Schlüsselwörter gezeigt.
- Bei der Raumgestaltung werden Fotos und Piktogramme eingesetzt, um den Kindern die Orientierung zu erleichtern. Im Bauraum kennzeichnen Fotos, welche Materialien in welche Kisten gehören. Fotos auf dem Speisewagen zeigen, wohin das benutzte Geschirr geräumt wird.
- Fotos von Alltagsroutinen helfen Kindern, diese korrekt auszuführen. Neben dem Waschbecken hängt eine Fotoserie, auf der die einzelnen Schritte beim Zähneputzen abgebildet sind. Die Abbildung eines gedeckten Essplatzes hilft den Kindern beim Tischdecken.
- Fotos von vorhandenen Spielen und Spielmaterialien wie Puzzles, Bauklötzen, Verkleidungssachen, Malstiften oder Bügelperlen sind in Ordnern gesammelt. Kinder, die keine Idee haben, was sie spielen möchten, können die Ordner als Inspirationsquelle nutzen. Gleichzeitig können sie der Fachkraft so ganz einfach zeigen, was sie gerne machen möchten.

Ordner mit lautsprachbegleitenden Gebärden

Ein kontinuierlicher Austausch schafft Vertrauen

Mit Eltern sprechen

Gespräche mit Eltern haben in der pädagogischen Arbeit einen wichtigen Stellenwert. Es gibt sie in zahlreichen Varianten: Tür-und-Angel-Gespräche, Entwicklungsgespräche, Krisengespräche, Aufnahme- und Abschlussgespräche, Info- und Elternabende oder informelle Gespräche. Auch Elternbriefe und andere schriftliche Infos und Dokumentationen gehören zur Fachkraft-Eltern-Kommunikation. Über den kontinuierlichen Austausch mit Eltern schaffen wir Vertrauen und bauen Beziehungen auf – und zwar nicht nur zu den Eltern, sondern auch zum Kind. Für ein Kind ist es wichtig, dass Eltern und Fachkräfte freundlich und offen miteinander sprechen. Die Verbindung zwischen Elternhaus und Kita wird sichtbar, und das Kind erlebt, dass nicht nur es selbst, sondern auch seine Eltern der Kita zugehörig sind. Auch bei Gesprächen mit Eltern und Familien sind die bereits beschriebenen Grundsätze von großer Bedeutung:

- sich um eine respektvolle und wertschätzende Sprache bemühen,
- darauf achten, dass die gewählten Worte und Formulierungen alle Eltern und Familien einschließen,
- sprachliche Ausgrenzungen bewusst vermeiden.

Bei Gesprächen aller Art müssen wir uns stets rückversichern, ob die Eltern uns verstehen und ob wir verstehen, was sie uns mitteilen wollen. Gerade bei Eltern, die die deutsche Sprache nicht sicher beherrschen, kann es zu sprachlichen Barrieren und Verständnisschwierigkeiten kommen. Wir stehen hier vor zwei Herausforderungen: Zum einen wollen wir uns möglichst genau und detailreich ausdrücken, vor allem wenn wir über das Kind sprechen. Zum anderen sind wir aufgefordert, unsere Ausdrucksweise zu vereinfachen, um den Eltern das Verstehen zu erleichtern. Dadurch besteht die Gefahr, dass wir unsere Mitteilungen verkürzen und so ungewollt den Sinn verfälschen. Was für einen großen Unterschied macht es, wenn wir sagen: „Cecile konnte heute im Morgenkreis kaum still sitzen, sie wollte unbedingt nach draußen in den Garten und mit ihren Freundinnen aus der anderen Gruppe spielen" – oder wenn wir vereinfachen: „Cecile konnte im Morgenkreis nicht ruhig sitzen, sie wollte lieber spielen." Und auch die Eltern stehen vor der Schwierigkeit, dass sie sich im Deutschen nicht so detailreich und präzise ausdrücken können wie in ihrer Muttersprache. Auch sie müssen Informationen vereinfachen und verkürzen.

Sprachliche Barrieren überwinden

Wir sollten grundsätzlich nicht davor zurückschrecken, Mimik, Gestik und Körpersprache gezielt einzusetzen, um das Gesagte zu unterstützen. Sinnvoll ist es auch, Objekte zu zeigen, Handlungen vorzuführen oder Eltern an bestimmte Orte zu führen, um zu demonstrieren, was gemeint ist. Wie in der Kommunikation mit den Kindern können auch für Gespräche mit Eltern Bilder, Fotos oder Pikto-

Literatur- und Medientipp

Jampert, K. u.a. (2011): Die Sprache der Jüngsten entdecken und begleiten. Kiliansroda: verlag das netz.

Jampert, K. u.a. (Hrsg.) (2009): Kinder-Sprache stärken! Sprachliche Förderung in der Kita: das Praxismaterial. Kiliansroda: verlag das netz.

Köhnen, M./Roth, H. (2007): So können wir uns besser verständigen. Gebärden als Hilfe zum Spracherwerb und zur Förderung der Kommunikationsfähigkeit bei nichtsprechenden Kindern. Dortmund: modernes lernen.

Wilken, E. (o. J.): GuK – Gebärden-unterstützte Kommunikation. Lauf: Deutsches Down-Syndrom InfoCenter. www.ds-infocenter.de/html/guk.html

gramme genutzt werden, um Gesprächsinhalte zu verdeutlichen. Ein Ordner, in dem die wichtigsten Symbole nach Themenbereichen abgelegt sind, hilft dabei. Dieser ist Fachkräften und Eltern zugänglich und kann von beiden selbstverständlich genutzt werden. Ideal ist es, wenn bei Bedarf Dolmetscher*innen zur Verfügung stehen, die vor allem bei sensiblen Gesprächen wie Aufnahme-, Entwicklungs- oder Krisengesprächen hinzugezogen werden. Neben den Fachkräften profitieren auch die Eltern von deren Kontaktdaten, um sie ggf. eigenständig anfordern zu können.

Im Alltag übersetzen oft Kinder oder ältere Geschwister. Diese Variante sollte, wenn überhaupt, nur sehr sparsam und mit Bedacht genutzt werden. Wir müssen uns dabei folgende Fragen stellen:

- Ist das Kind in der Lage, die Gesprächsinhalte zu übersetzen?
- Gehört das Gesagte zu seinem Erfahrungshorizont und hat es den entsprechenden Wortschatz oder fehlen ihm im wahrsten Sinne die Worte hierfür?
- Könnte die Übersetzung das Kind emotional belasten und überfordern?

Besonders bei Entwicklungsgesprächen oder Gesprächen mit schwierigen Inhalten wie kindliche Probleme oder Unzufriedenheit aufseiten der Eltern oder Fachkräfte sollten Kinder nicht als Übersetzer*innen auftreten. Das Überbringen schlechter Nachrichten ist emotional sehr belastend. Während des Übersetzens werden Kinder und Eltern oft in Rollen gedrängt, die ihnen nicht entsprechen. Wenn Kinder für ihre Eltern sprechen, schlüpfen sie in eine Rolle, die normalerweise Eltern für ihre Kinder übernehmen. Gleichzeitig werden Eltern zu einem gewissen Grad infantilisiert, was zu Scham und einem Gefühl der Unzulänglichkeit bei Eltern und Kindern führen kann. Kann nicht auf eine*n professionelle*n Dolmetscher*in zurückgegriffen werden, besteht vielleicht die Möglichkeit, andere Eltern oder Erzieher*innen anzufragen. Dafür kann eine entsprechende Liste angelegt werden.

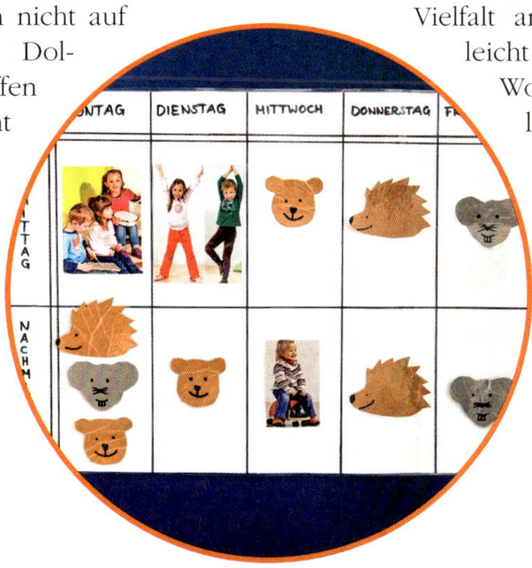

Literaturtipp

Nachtmann, R. (2017): Elterngespräche in der Kita ohne Dolmetscher! Mit über 200 mehrsprachigen Bildkarten Sprachbarrieren überwinden. Berlin: Cornelsen.

Fotos, Bilder und Symbole sind meist selbsterklärend

Für schriftliche Kommunikation gilt: Inklusive Kitas stellen sämtliche Informationen für Eltern, z. B. über Aktivitäten, Aushänge, pädagogische Leitlinien oder die Konzeption, so zur Verfügung, dass alle Eltern sie verstehen. Die Informationen sind bei Bedarf z. B. in den Familiensprachen, im Großdruck, als Audio oder in einfacher Sprache verfügbar. Zudem muss bedacht werden, dass manche Eltern vielleicht auch ihre Landessprache nicht lesen können. Für einige Informationen ist diese Vielfalt an „Übersetzungen" vielleicht zu aufwendig, z. B. beim Wochenplan, auf dem täglich die Aktivitäten dokumentiert werden. Hier kann mit Bildern und Symbolen gearbeitet werden. Das hat zudem den Vorteil, dass auch die Kinder die Infos „lesen" können.

Herzlich willkommen!

4. Inklusive Familienpartnerschaften

Inklusive Angebote für Familien haben zwei Ziele: Sie sollen Eltern und Geschwistern einen Raum bieten, um am Leben in der Kita teilzunehmen und um einander besser kennenzulernen und Freundschaften zu knüpfen. Die Elternschaft in inklusiven Kitas ist oft sehr heterogen, das kann Berührungsängste und Vorurteile befördern: „Wie spreche ich mit einer Mutter, die ein schwerbehindertes Kind hat?", „Mit Frauen, die Kopftuch tragen, möchte ich privat eigentlich nichts zu tun haben", „Wie kann man heutzutage nur vier Kinder haben?". Die beste Art, um Vorurteile abzubauen, ist miteinander ins Gespräch zu kommen und so die andere bzw. den anderen als Menschen kennenzulernen. In der Praxis gibt es dafür viele verschiedene Formate: ein regelmäßiges Familienfrühstück oder ein Nachmittagscafé, Elternstammtische, verschiedene Aktionen wie Backen, Handwerken oder Gärtnern oder die Planung und Gestaltung von Festen. Jede Kita muss die Formate finden, die für ihre Eltern am besten passen und von Fachkräften und/oder Elternbeirat gut umsetzbar sind.

Reflexionsfragen zu inklusiven Angeboten

Folgende Fragen helfen bei der Planung, Vorbereitung und Reflexion inklusiver Angebote in der Kita:

- Können alle Eltern und alle Kinder – auch Geschwisterkinder – an den angebotenen Aktivitäten teilnehmen (z. B. auch Eltern, die nur wenig Deutsch sprechen, Kinder mit motorischen Einschränkungen, Kinder unter 2 Jahren)?
- Können möglichst viele Eltern an den Angeboten teilnehmen (hinsichtlich Uhrzeit, Tag, Ort)?
- Können die Kinder und Geschwister während des Angebots betreut werden, wenn dieses außerhalb der Buchungszeiten stattfindet?
- Kommen Eltern und Fachkräfte ins Gespräch?
- Kommen die Eltern untereinander ins Gespräch?
- Unterhalten sich auch Eltern, die sonst kaum miteinander sprechen?
- Können Eltern die Angebote mitgestalten (z. B. Thema, Umsetzung, eigene Beiträge)?
- Können Eltern ihre individuellen Kompetenzen einbringen?
- Gibt es Angebote, an denen Eltern und Kinder gemeinsam teilnehmen?
- Können Eltern, Kinder und Fachkräfte Rückmeldung geben, wie ihnen das Angebot gefallen hat und was sie verbessern würden?
- Ist die Rückmeldung so gestaltet, dass z. B. auch Eltern, die nur wenig Deutsch sprechen, Sinnesbeeinträchtigungen haben oder anonym bleiben möchten, ihre Meinung äußern können?

Für Familien ist die Gewissheit wichtig, dass wir als Fachkräfte nicht nur ihre Worte, sondern auch ihre Wünsche, Vorstellungen und Lebenszusammenhänge verstehen und akzeptieren. Familien brauchen Identifikationsangebote, also Gestaltungen, in denen sie sich wiederfinden und Wertschätzung erfahren. Dazu gehört auch, dass wir kulturelle und familiäre Gepflogenheiten kennen und in der Alltagsgestaltung berücksichtigen. Dabei sind verschiedene Aspekte relevant:

1. Kulturelle Gepflogenheiten in Familien
Inklusive Kitas zeigen Respekt und Wertschätzung gegenüber verschiedenen Kulturen und den damit einhergehenden Gewohnheiten. Es ist unsere Aufgabe, uns mit den kulturellen Hintergründen der Familien vertraut zu machen und das so erworbene Wissen ganz selbstverständlich einfließen zu lassen. Wahrgenommene Unterschiede sollen und dürfen benannt werden und verschiedene Umgangsformen können gleichberechtigt nebeneinanderstehen.

Aus der Praxis
Erzieherinnen berichten immer wieder, dass sie irritiert sind, wenn Väter muslimischen Glaubens die ihnen zum Gruß hingestreckte Hand verweigern. Um dieses Verhalten, das westlich geprägten Menschen auf den ersten Blick als Af-

front erscheint, verstehen und einordnen zu können, muss man Folgendes wissen: Im muslimischen und auch im orthodoxen jüdischen Glauben gibt es ein sogenanntes Berührungsverbot. Menschen des anderen Geschlechts, mit denen man nicht verwandt oder verheiratet ist, berührt man nicht, gibt ihnen zur Begrüßung also auch nicht die Hand. Muslime, die nicht in einem westlichen Land aufgewachsen und sozialisiert wurden und erst kurz bei uns leben, kann unsere Art des Händedrucks überfordern. In muslimischen Gemeinschaften legen Männer und Frauen zur Begrüßung die Hand aufs Herz, statt sie einander zu reichen. Gleichzeitig gibt es auch viele Muslime, für die das Handgeben ganz selbstverständlich ist. In so einer Situation sensibel für kulturelle Unterschiede zu sein, die angebotene Hand wieder zurückzuziehen und es stattdessen bei einem freundlichen Kopfnicken zu belassen oder die Hand aufs Herz zu legen, zeigt den Eltern, dass man ihre Gewohnheiten kennt und respektiert. Lässt es die Situation zu, kann man auch kurz erklären, dass man selbst es gewohnt ist, dem Gegenüber zur Begrüßung die Hand zu reichen.

Nimmt die Kita ein Kind aus einem anderen Kulturkreis auf, ist es sinnvoll, sich vorher mit den kulturellen Gepflogenheiten vertraut zu machen. Dabei ist es wichtig, stereotypen Vorstellungen gegenüber sensibel zu sein und diese zu vermeiden. Vielleicht haben Familien bestimmte Umgangsformen, Vorstellungen und Rituale aus ihren Herkunftsländern abgelegt und welche aus ihrer neuen Heimat übernommen. Unbewusst, etwa weil sie schon länger in Deutschland leben oder hier geboren sind, oder bewusst, weil sie sich mit der Kultur des Aufnahmelandes beschäftigt haben oder die Gepflogenheiten ihres Ursprungslandes, aus welchen Gründen auch immer, hinter sich lassen wollen. Und auch die individuelle Familienkultur kann sehr unterschiedlich sein, auch wenn Familien aus demselben Land kommen, den gleichen Glauben haben oder der gleichen sozialen Schicht angehören. Vergleichen Sie nur einmal das sonntägliche Mittagessen zwischen Ihnen und Ihren Nachbar*innen. Wahrscheinlich werden Sie viele Gemeinsamkeiten, aber auch zahlreiche Unterschiede finden. Besucht die Bezugsfachkraft die Familie vor oder nach Aufnahme des Kindes, lernt sie sein Zuhause kennen und gewinnt einen Eindruck vom Zusammenleben in der Familie. Sie zeigt Interesse und erlangt wertvolles Wissen.

Verschiedene Lebensweisen akzeptieren: selbstverständlich!

2. Essgewohnheiten in Familien

Ess- und Ernährungsgewohnheiten sind für Eltern und Fachkräfte ein wichtiges Thema. Insbesondere zwei Fragen tauchen in den meisten Kitas auf. Nachfolgend berichten Erzieher*innen, welche Lösungen sie gefunden haben:

In unserer Kita dürfen einige Kinder kein Schweinefleisch essen, zwei Kinder sollen sich vegetarisch ernähren. Wie können wir damit umgehen?

Jana B. (Integrationskita, Berlin): Viele unserer Kinder dürfen aufgrund ihres Glaubens kein Schweinefleisch essen. Wir haben uns daher darauf verständigt, kein Schweinefleisch anzubieten. Ein- bis zweimal die Woche gibt es bei uns Huhn oder Rind, regelmäßig auch Fisch. Zum Frühstück reichen wir oft vegetarische Brotaufstriche, die essen die Kinder sehr gerne. Schwieriger wird es, wenn Eltern z. B. an Geburtstagen gelatinehaltige Gummibärchen mitbringen. Wir haben dann immer einen Vorrat an veganen Gummibärchen parat, damit jedes Kind mitnaschen kann. Viele Eltern wissen das aber auch schon und bringen sowieso nur noch vegane Süßigkeiten mit.

Micaela N. (Haus für Kinder, München): Wir essen nur selten Fleisch und wenn, dann in Bioqualität. Gibt es Fleisch, bieten wir zwei Fleischsorten an. Huhn ist eigentlich immer dabei. Unsere Kita besuchen auch zwei Kinder hinduistischen Glaubens, die kein Rind essen. Fleisch wird grundsätzlich einzeln gereicht, ist also nicht mit Soße vermengt. Es gibt schließlich auch viele Kinder, die Fleisch zwar essen dürfen, es aber trotzdem nicht mögen. Bei Aufläufen mit Fleisch oder auch Schinkennudeln gibt es immer eine Alternative ohne Fleisch und die Kinder wählen, was sie essen möchten.

Gesundes Frühstück – (k)eine Frage der Familienkultur?

Maria K. (Kinderkrippe Elterninitiative, Hamburg): Bei uns wird jeden Tag frisch gekocht, und zwar von den Eltern. Wir haben uns darauf geeinigt, nur vegetarische Gerichte anzubieten. Zu Hause können die Kinder schließlich auch Fleisch essen, das muss nicht unbedingt in der Kita sein. Hochwertiges Fleisch ist teuer und wir stecken das Geld dann lieber in frisches Obst und Gemüse. Einige Eltern nutzen auch Fleischersatzprodukte. Das schmeckt den Kindern und ist für uns eine gute Alternative zu Fleisch.

Wir erinnern die Eltern immer wieder daran, nur gesunde Sachen in die Pausenbox zu packen. Wie können wir die Eltern tatsächlich dazu bewegen?

Ekrem H. (Kindergarten & Hort, Freising b. München): Wir hatten lange das gleiche Problem und haben verschiedene Sachen ausprobiert: Elternbrief, Elternabend, Einzelgespräche, Broschüren zum Thema usw. Leider hat nichts so richtig gefruchtet. Schließlich sind wir auf die Idee gekommen, nicht bei den Eltern, sondern bei den Kindern anzusetzen, und haben ein mehrwöchiges Projekt zum Thema „Lebensmittel, Essen & Kochen" gemacht. Wir haben zusammen eingekauft, verschiedene Lebensmittel gekostet, gemeinsam gekocht und gebacken. Dabei haben wir auch die Eltern mit einbezogen, sie haben Rezepte beigesteuert oder sind selbst zum Kochen vorbeigekommen. Und wir haben erarbeitet, was der Körper braucht, um gesund zu bleiben, und u. a. eine Essenspyramide erstellt. Außerdem haben wir Plakate angefertigt, was in die Pausenbox darf und was lieber daheimbleibt. Diese hängen nun für alle gut sichtbar im Flur. Seitdem klappt das mit den gesunden Pausenboxen viel besser. Wir haben den Eindruck, dass nun auch die Kinder darauf achten, was ihre Eltern ihnen mitgeben.

Konstanze B. (Integrationskita, Puchheim): Wir ergänzen das Frühstück, das die Kinder mitbringen, mit Obst und Gemüse. Wir hängen jede Woche eine Liste auf und die Eltern suchen sich aus, was sie in der folgenden mitbringen möchten. Eltern, die weniger Geld haben, können sich etwas Günstiges aussuchen. Das Obst und Gemüse bereiten wir mit den Kindern im Frühdienst vor. Ein- bis zweimal im Monat backen wir auch gemeinsam Brot. Das ist für die Kinder immer besonders spannend.

Ayla U. (Kindergarten, Brandenburg): Auch wir haben uns lange über dieses Problem geärgert und schließlich eine ganz pragmatische Lösung gefunden. Die Eltern zahlen 10 Euro Frühstücksgeld im Monat. Davon kaufen wir dann gemeinsam mit den Kindern das Frühstück ein. Das hat eigentlich nur Vorteile: Wir entscheiden mit den Kindern, was es gibt. Das gemeinsame Schreiben des Einkaufszettels und das Einkaufen sind tolle Bildungssituationen. Die Kinder frühstücken alle das Gleiche und die Eltern sind froh, dass sie nicht mehr jeden Morgen Brote schmieren müssen. Einmal in der Woche gibt es ein süßes Frühstück, zu dem wir Schokoaufstrich oder Rübensirup anbieten. Das Geld reicht locker, oft bleibt sogar noch etwas für die Gruppenkassen übrig.

3. Erziehungspartnerschaft bei Aufnahme von Kindern mit Behinderungen

Öffnet sich eine Kita für Inklusion, bringt das eine Reihe von Veränderungen mit sich. Ein erster Schritt ist die Überarbeitung und Neuausrichtung der pädagogischen Konzeption in enger Zusammenarbeit mit Träger und Fachberatung. Zudem müssen die Familien über diesen „Richtungswechsel" informiert und – wo immer möglich – sinnvoll einbezogen werden. In vielen Kitas steht dann wahrscheinlich schon bald die Aufnahme eines Kindes mit Behinderung im Raum. Viele Eltern wünschen sich eine wohnortnahe Betreuung und dass ihr Kind ganz selbstverständlich mit anderen Kindern zusammen spielt und lernt. Häufig stellt die Aufnahme eines Kindes mit Behinderung für Teams eine große Herausforderung dar, nicht selten gibt es Berührungsängste und Sorgen, ob alle den Bedürfnissen des Kindes gerecht werden können. In den meisten Fällen sind solche Ängste unbegründet, denn auch Kinder mit Behinderungen sind zuallererst Kinder. Sie haben die gleichen Grundbedürfnisse wie alle Kinder.

Die Aufnahme eines Kindes mit Behinderung erfordert eine gründliche Vorbereitung. Es ist sinnvoll, einer Fachkraft die Verantwortung hierfür zu übertragen. Sie sammelt die nötigen Informationen, gibt diese in geeigneter Weise an das Team weiter, hat im Blick, welche Veränderungen z. B. im Tagesablauf, in der Raumgestaltung und Materialauswahl nötig sind, und delegiert Aufgaben entsprechend. In vielen Fällen wird das die Fachkraft für Inklusion bzw. Integration übernehmen. Folgende Überlegungen müssen im Vorfeld stattfinden:

- **Sich mit der Behinderung des Kindes vertraut machen:** Es ist wichtig, sich mit der Diagnose und dem spezifischen Behinderungsbild vertraut zu machen. Wie beeinflussen diese die Wahrnehmung, die Informationsverarbeitung, die sozial-emotionale, sprachliche, motorische und kognitive Entwicklung des Kindes? Dieses Wissen hilft dabei, das Kind, seine Bedürfnisse und Verhaltensweisen besser zu verstehen. Wir können unser pädagogisches Handeln besser abstimmen, und zwar sowohl auf individueller als auch auf gruppenpädagogischer Ebene. Fachliteratur und Expert*innen aus Frühförderung und Therapie liefern wichtige Informationen.
- **Kind und Familie kennenlernen:** Jedes Kind ist anders und jedes Kind entwickelt sich in seinem eigenen Tempo und will individuell begleitet werden. Das gilt auch für Kinder mit Behinderungen. Nur weil man eine Diagnose kennt, weiß man noch nichts über das Kind. Kinder mit vergleichbaren Diagnosen, z. B. Downsyndrom, können sich trotzdem sehr unterschiedlich entwickeln und sehr verschiedene Kompetenzen und Schwierigkeiten haben. Die Persönlichkeit des Kindes, Ausmaß und Art der Schädigung, Zeitpunkt der Diagnosestellung, frühe Erfahrungen in Familie und mit der Umwelt und Zugang zu Unterstützungssystemen spielen u. a. eine Rolle und beeinflussen sich wechselseitig. Nehmen Sie sich Zeit, um das Kind und seine Familie kennenzulernen. Besuchen Sie es, wenn möglich, zu Hause und laden sie es zur Hospitation ein. Ergänzend spielt das Aufnahmegespräch eine wichtige Rolle. Hier haben die Eltern die Möglichkeit, ihre Wünsche und Sorgen zu äußern und Fragen zu stellen, und Fachkräfte gewinnen wertvolle Informationen.

Aufnahme eines Kindes mit Behinderung

Entscheidet sich das Team, ein Kind mit Behinderung aufzunehmen, müssen zunächst folgende formelle Schritte gegangen werden:

- Das Kind hat eine Behinderung bzw. ist von einer Behinderung bedroht (gemäß SGB IX §2); hierzu liegt ein ärztliches Gutachten vor. Frühförderstellen, Kinder- und Jugendärzt*innen und Sozialpädiatrische Zentren (SPZ) sind Anlaufstellen, wenn die Eltern sich Sorgen um die Entwicklung ihres Kindes machen und noch keine Diagnose gestellt wurde. Sie stehen beratend zur Seite, bieten diagnostische Abklärung und Unterstützung bei der Therapie- und Förderplanung. Soll das Kind in einer Integrations- bzw. Inklusionseinrichtung aufgenommen werden, stellen die Eltern einen Antrag auf Eingliederungshilfe nach SGB XII §53 oder SGB XIII §35a. In der Regel ist das Sozialamt zuständig, allerdings nicht in allen Bundesländern. Auf den Seiten des Ländermonitors (www.laendermonitor.de: Finanzierung von Eingliederungshilfen) findet sich hierzu eine Übersicht. Auskunft geben außerdem die örtlichen Bezirksämter oder der Kinder- und Jugendärztliche Dienst des zuständigen Gesundheitsamtes.
- Wird die Behinderung oder drohende Behinderung anerkannt und dem Antrag auf Eingliederungshilfe stattgegeben, ist der erste wichtige Schritt geschafft. Am Runden Tisch erstellen alle Beteiligten – also Eltern, Vertreter*innen des Kitateams, Mitarbeiter*innen des zuständigen Amtes, evtl. Fachkräfte aus der Frühförderung,Therapeut*innen und die behandelnden Ärzt*innen – einen sogenannten Hilfeplan, in dem der zeitliche Umfang der Hilfe und die Qualität festgelegt werden. In der Regel wird dieser nach einem Jahr überprüft. Dieses Treffen ist auch eine gute Möglichkeit, um Therapeut*innen und Fachkräfte aus der Frühförderung kennenzulernen und weitere Gespräche zu vereinbaren. Hier können dann wichtige Informationen ausgetauscht und Vereinbarungen zur Zusammenarbeit getroffen werden.

- **Alltag, Räume und Material überprüfen:** Auf Grundlage der gewonnenen Erkenntnisse werden der Alltag und die Ausstattung reflektiert. Überlegen Sie sich am besten schon vor der Eingewöhnung, welche Veränderungen erforderlich sind, um dem Kind eine umfassende und möglichst selbstständige Teilhabe zu ermöglichen. Beziehen Sie bei Ihren Überlegungen und Planungen Kind und Eltern gezielt mit ein. Sicherlich werden sich dennoch viele notwendigen Anpassungen erst im Laufe der Zeit herausstellen. Trotzdem ist es hilfreich, die ersten Veränderungen so früh wie möglich anzustoßen. So haben Sie später etwas Puffer und die Familie fühlt sich wahr- und ernst genommen.
- **Unaufdringliche Offenheit allen gegenüber:** In der Praxis hat es sich bewährt, Kinder und Eltern genauso über die Aufnahme eines Kindes mit Behinderung zu informieren, wie das auch bei der Aufnahme eines Kindes ohne Behinderung üblich ist. Eine andere Art der Information, z. B. ein gesonderter Elternabend, kennzeichnet das Kind als „besonders" und „anders" und kann zu seiner Ausgrenzung beitragen. In manchen Einrichtungen fertigen Eltern oder Erzieher*innen einen kleinen Steckbrief über das Kind und seine Vorlieben an. Hier kann auch die Behinderung bzw. Beeinträchtigung, neben vielen anderen Punkten, die das Kind ausmachen, erwähnt werden. Seien Sie offen für die Fragen und Sorgen von Eltern und Kindern und bemühen Sie sich, diese unaufgeregt und ehrlich zu beantworten.

Welche Vorbereitungen sind nötig, wenn ein Kind mit Behinderung aufgenommen wird?

Literaturtipp

Heimlich, U. (2012): Gemeinsam von Anfang an. Inklusion für unsere Kinder mit und ohne Behinderung. München: Ernst Reinhardt.

Schnabel, M. (2004): Emotionen im Elterngespräch richtig handhaben! Das Auf und Ab der Gefühle in schwierigen Elterngesprächen. In: Bildung Erziehung Betreuung. IFP-Infodienst, 1–2/2004, S. 12–14.

Weltzien, D./Kebbe, A. (2011): Handbuch Gesprächsführung in der Kita. Freiburg: Herder.

Schwierigkeiten gegenüber Eltern benennen

Es kommt immer wieder vor, dass Entwicklungsverzögerungen, Verhaltensbesonderheiten oder bestimmte Behinderungsformen und Beeinträchtigungen (z. B. eine Hörschädigung, Schwierigkeiten bei der Aufmerksamkeits- oder Impulskontrolle, soziale Ängstlichkeit oder Auffälligkeiten in der sprachlichen Entwicklung) als Erstes von den Erzieher*innen wahrgenommen werden. Oft können die Fachkräfte nicht sagen, was los ist, sie haben nur den Eindruck, dass etwas los ist. Ihre Aufgabe ist es nun, den Eltern ihren Verdacht mitzuteilen, selbstverständlich ohne eine klare Aussage zu machen oder gar eine Diagnose zu stellen. Die Abklärung und ggf. Diagnosestellung liegt immer in der Verantwortung externer Fachkräfte aus Pädiatrie, Sonder- und Heilpädagogik sowie Kinderpsychiatrie. Das Überbringen einer „schlechten" Nachricht ist in den meisten Fällen nicht einfach und das notwendige Gespräch ist für Eltern und Fachkräfte belastend. Es ist hilfreich, sich im Vorfeld mit etwaigen Reaktionen der Eltern vertraut zu machen, um diese besser zu verstehen und auffangen zu können. Ein hilfreicher Zugang ist die sogenannte Spirale der Trauer von Erika Schuchardt. In der Trauerspirale werden die einzelnen Phasen der Trauer und der Verarbeitung identifiziert, die Menschen in seelischen Krisen durchlaufen. Zu diesen Krisen gehört z. B. die Behinderung des eigenen Kindes oder die Konfrontation mit einer schweren Krankheit. Eine gute Zusammenfassung findet sich auf der Webseite des Epikuriers: www.epikurier.de – Suchbegriff: Trauerspirale.

Zusammen essen – miteinander kommunizieren

III. Praxisbausteine: Eine Kita für alle

1. Ein Tag für alle

Ein Tagesablauf mit regelmäßig wiederkehrenden Abläufen und Ritualen bietet den Kindern Sicherheit und Orientierung. Zu den festen Punkten gehören täglich stattfindende Routinen, z. B. der Morgen- oder Begrüßungskreis, gemeinsame Mahlzeiten, Zeit zum freien Spiel, Ruhe und Schlaf, genauso wie Angebote, die nur an bestimmten Tagen stattfinden, z. B. die Nutzung bestimmter Funktionsräume (Bewegung, Musik) oder besondere Aktivitäten (gemeinsames Backen, Wald- und Wiesentag). Herzstück einer inklusiven Kita ist ein Tagesablauf, an dem jedes Kind teilnehmen und sich aktiv einbringen kann. Erst wenn alle Kinder selbstverständlich und weitestgehend selbstbestimmt am Alltag teilnehmen können, wird Inklusion erlebbar und tatsächlich gelebt. Voraussetzung hierfür ist, dass jedes Kind die Routinen kennt, weiß, wie sie ablaufen und wann sie stattfinden (Zeitpunkt im Tagesablauf, Wochentag). Ein sogenannter Tagesplan hilft dabei. Darauf ist der Tagesablauf kindgerecht abgebildet, einzelne Routinen werden z. B. durch Fotos oder Piktogramme visualisiert. Für Kinder mit Sehschädigungen werden Gegenstände oder bestimmte Oberflächen zum Ertasten genutzt. Als Zeichen für den Morgenkreis dient z. B. ein rundes Filzstück, das die Platzkissen symbolisiert, und ein kleines Buch steht für die Vorlesezeit. Diese werden in durchsichtigen Beuteln an einer Schnur befestigt. Einen guten Tagesplan können alle Kinder verstehen und nutzen, mehrere Tagespläne nebeneinander sind nicht sinnvoll. Eine Kennzeichnung der Routine, die gerade bzw. als Nächstes stattfindet, erleichtert den Kindern die Orientierung. Möglichkeiten sind z. B. ein Rahmen oder ein Pfeil, der mittels Klettband auf dem Plan verschoben wird, oder eine kleine Kiste, in die der symbolische Gegenstand gelegt wird.

Gruppenaktivitäten für alle

Inklusion wird in inklusiven Aktivitäten erlebbar und gelebt. Also durch Aktionen,

- an denen alle Kinder teilnehmen und ihren Teil beitragen können und
- in denen sich alle Kinder wiederfinden, unabhängig von ihrer körperlichen Verfasstheit oder ihrem Aussehen, ihrem Alter, Geschlecht oder ihrer Familienkultur.

In inklusiven Aktivitäten erfahren die Kinder trotz aller Unterschiede Zusammengehörigkeit. Kinder, die zusammenwirkend handeln – also miteinander etwas tun, durchdenken oder ausdrücken –, erleben sich als Gemeinschaft und nehmen sich gleichzeitig als Individuen wahr. Inklusive Situationen ereignen sich nicht nur zu bestimmten, festgelegten Zeiten, sondern während des ganzen Tages und müssen meist nicht extra eingeführt werden. Die Kunst besteht darin, diese alltäglichen Situationen – Ankunft oder Verabschiedung, Routinen, Aktivitäten, freie Spielsituationen, Gespräche oder Konflikte – als Chance zu erkennen, Momente der Gemeinsamkeit und Verschiedenheit aufzuspüren, sensibel aufzugreifen und angemessen zum Thema zu machen. Dabei kann es sich um sehr einfache Beiträge in der Situation selbst handeln, etwa wenn die Kinder spontan über verschiedene Augenfarben sprechen. Oder aber Themen werden zu einem späteren Zeitpunkt noch einmal gezielt aufgegriffen. Etwa wenn sich die Kindergruppe mit dem Thema Freundschaft auseinandersetzt und in Konflikten immer wieder Sätze zu hören sind wie: „Dann bist du nicht mehr mein Freund“ oder „Dann darfst du nicht mehr mitspielen“.

Dabei geht es nicht um Höflichkeitsfloskeln (z. B. „So etwas sagt man nicht“), sondern darum, Gefühle sichtbar zu machen (z. B. „Wie fühlst du dich, wenn du nicht mitspielen darfst?“ oder „Wie geht es dir, wenn jemand so was zu dir sagt?“), und darum, gemeinsame Lösungen zu finden. Eine inklusive Pädagogik zeichnet sich dadurch aus, dass alle wahrgenommenen Unterschiede angesprochen und hinterfragt werden dürfen. Es gibt keine grundsätzlichen Tabuthemen und den Kindern werden keine „Denk- oder Sprechverbote“ erteilt. Sprechen Sie darüber, dass manche Mütter ein Kopftuch tragen, warum Linus nicht gehen kann oder dass nicht alle Menschen Weihnachten feiern. In einer offenen Umgebung sprechen die Kinder ungezwungen über das, was ihnen auffällt und was sie interessiert. Nutzen Sie diese Chance zum gemeinsamen Gespräch. Nehmen Sie die Kinder als Gesprächspartner*innen ernst und finden Sie gemeinsam Erklärungen, die Kinder verstehen können und die weder verherrlichend noch herabwürdigend sind oder Tatsachen leugnen.

Neben solchen spontanen Situationen ist die Gestaltung von inklusiven Gruppenaktivitäten ein wichtiges Element. Während der Aktionen, an denen alle Kinder der Gruppe gemeinsam teilnehmen, wird Inklusion in der Großgruppe erfahrbar. Aktivitäten in der Kleingruppe bieten sich an, um Kinder, die nur selten miteinander spielen, zusammenzubringen. Inklusive Angebote zeichnen sich durch Offenheit und Kreativität aus und haben das einzelne Kind mit seinen individuellen Fähigkeiten, Interessen und Vorlieben und gleichzeitig die ganze Kindergruppe im Blick. Bei inklusiven Angeboten kann sich jedes Kind einbringen, wird wahrgenommen und nimmt zugleich die Einbringungen der anderen Kinder wahr. Die Beiträge der Kinder können und sollen nicht gleichartig sein, werden aber immer als gleichwertig wahrgenommen und behandelt. Grundsätzlich können fast alle pädagogischen Angebote inklusiv gestaltet werden, zentral sind eine umsichtige Planung und eine flexible Umsetzung.

Das Thema spielt eine untergeordnete Rolle, wichtig ist „nur", dass jedes Kind seinen Teil gleichwürdig beitragen kann.

Teilhabe bei Alltagsaktionen ermöglichen

Wie kann dieses „Beitragen" also konkret aussehen? Im Morgenkreis reicht es nicht, wenn einzelne Kinder nur passiv dabeisitzen. Ein inklusiv gestalteter Morgenkreis bezieht alle Kinder mit ein, also auch sehr junge Kinder, Kinder mit motorischen Besonderheiten oder Kinder, denen es schwerfällt, über einen längeren Zeitraum aufmerksam zu sein. Das junge Kind übernimmt z. B. eine kleine Aufgabe und zählt mit Unterstützung eines älteren Kindes oder der Fachkraft die Kinder. Beim Singspiel darf das Kind mit motorischen Einschränkungen entscheiden, wie es teilnehmen möchte, z. B. selbstständig robbend oder mit Unterstützung gehend. Manche Kinder hören vielleicht an manchen Tagen „nur" aktiv und interessiert zu und steuern hin und wieder verbale und nonverbale Kommentare bei.

Unsere Aufgabe ist es, den Blick immer wieder auf jedes einzelne Kind zu richten, es genau zu be(ob)achten, seine Äußerungen und Einbringungen – und seien diese noch so unscheinbar und leise – wahrzunehmen, aufzugreifen und gezielt einzubeziehen. So machen wir die Beiträge des einzelnen Kindes für die anderen sichtbar:

- Beim Spazierengehen sagen wir: „Francesca, ich sehe, du sammelst Zweige. Du hast ganz verschiedene Größen, richtig große und ganz kleine."
- Beim Kuchenessen bemerken wir: „Marlon, du hast ja schon fast alle Streusel gegessen. Magst du die am liebsten?"
- Im Musikkreis kommentieren wir: „Farah, ich sehe, du hältst dir die Ohren zu. Magst du das Lied nicht oder ist es dir zu laut?"

Die Kinder erleben dadurch, dass andere Kinder die Welt ähnlich sehen und ähnlich fühlen, denken und handeln wie sie selbst. Gleichzeitig machen sie die Erfahrung, dass andere anders sehen und denken, fühlen und begreifen und beides gut und richtig ist. Sie nehmen wahr, dass ihre Äußerungen genauso wie die Einbringungen der anderen Kinder beachtet und wertgeschätzt werden und gleichermaßen wertvoll und wichtig sind. Die Kinder erfahren so einen selbstverständlichen und akzeptierenden Umgang miteinander mit Gleichheit, Unterschieden und Vielfalt – und erleben diese Art des Zusammenseins als Normalität.

Morgenkreis: Jede*r kann etwas beitragen

2. Religiöse Feste für alle

In vielen Kitas werden ganz selbstverständlich christliche Feste gefeiert und Weihnachten, Ostern oder der Martinszug sind fester Bestandteil der Jahresplanung. Feste aus anderen Religionsgemeinschaften werden häufig nicht begangen. Viele Fachkräfte sehen es als Teil ihres Bildungsauftrags, den Kindern die verschiedenen Feste näherzubringen und Informationen zum religiösen Hintergrund zu vermitteln. Warum aber umfasst dieser Bildungsauftrag nur Feste des Christentums? Wenn es unser Ziel ist, die Identität der Kinder in allen Aspekten zu unterstützen, dürfen wir die Religiosität bzw. Nicht-Religiosität als wichtigen Teil der Familienkultur nicht außer Acht lassen. Und auch in Kitas, in denen es wenig religiöse Vielfalt gibt, lohnt die Auseinandersetzung mit verschiedenen Religionen und den dazugehörigen Festen und Gepflogenheiten. Welche Botschaften vermitteln wir Kindern und Familien, ganz egal welcher Religion sie angehören bzw. nicht angehören, wenn wir immer nur bestimmte Feste und Fei-

Literaturtipp

Gombert, N. (2016): Das Inklusions-Spielebuch. So gelingt die inklusive Kita. Aachen: Ökotopia.

Portmann, R. (2013): Die 50 besten Spiele zur Inklusion. München: Don Bosco.

Praxistipp

Das Licht feiern

Es gibt verschiedene Feiertage, die im Winter, wenn es länger dunkel ist, das „Licht" als Symbol nutzen. Dazu gehören z. B. Chanukka aus dem Judentum, das christliche und orthodoxe Weihnachten, das Luciafest, das z. B. in Schweden begangen wird, das hinduistische Fest Diwali und die Wintersonnenwerde. KiDs aktuell 1/2017 „Let's Party?! Umgang mit religiösen Festen" (Wolter 2017) beschreibt dazu folgendes Praxisbeispiel: Im Dezember wurde das Thema „Licht" besinnlich begangen. Statt eines Adventskranzes, der einen christlichen Zugang in den Mittelpunkt gestellt hätte, gestaltete jedes Kind eine Kerze. Am Ende jedes Tages wurden die Kerzen angezündet und Lieder gesungen, die in Verbindung mit den verschiedenen Festen stehen. Das Beispiel wurde mit Grundschulkindern umgesetzt, kann aber gut an die Arbeit mit Kindergarten- und auch Krippenkindern angepasst werden.

ertage begehen? Was bedeutet das für die Praxis? Sollen wir gar keine religiösen Feste mehr feiern? Oder alle? Nein, weder noch. Fragen Sie sich stattdessen im Team, warum in Ihrer Kita welche Feste gefeiert werden und wie Sie diese inklusiv gestalten können. Eine Zugangsweise ist z. B., Gemeinsamkeiten herauszuarbeiten, statt Unterschiede zu betonen. Vielen religiösen Festen liegen ähnliche Themen zugrunde (s. Praxistipp).

Natürlich können Sie auch weiterhin bestimmte Feste aus einer Glaubensrichtung feiern, sie sollten nur nicht alle aus ein und derselben sein. Reflektieren Sie im Team, welche Feste Sie zukünftig mit den Kindern feiern möchten. Stellen Sie sich folgende Fragen:

- Welche Feste werden in den Familien gefeiert?
- Welche sind für die Mitarbeiter*innen besonders wichtig?
- Welche Feste haben ein ähnliches Thema bzw. eine ähnliche Symbolik und könnten verknüpft werden?
- Welche beinhalten Glaubenssätze, die wir gerne an die Kinder weitergeben möchten?

Achten Sie auf eine differenzierte Vermittlung der religiösen bzw. spirituellen Hintergründe und vermeiden Sie stereotype Darstellungen und Gestaltungen. Genauso wie Weihnachten zwar in Grundzügen ähnlich, aber von allen Familien ein wenig anders und mit eigenen Ritualen begangen wird, werden auch Feste aus anderen Glaubensrichtungen und Weltanschauungen familienintern individuell gefeiert. Beziehen Sie die Familien in die Planung und Gestaltung der Feierlichkeiten mit ein. Welche Bücher und Geschichten können erzählt und welche Lieder gesungen werden? Wie schmücken wir die Räume? Was gibt es zu essen? Sprechen Sie auch nach dem Fest mit den Familien darüber, was ihnen gefallen hat oder welche Veränderungen sie sich vielleicht für das nächste Jahr wünschen.

3. Regeln für alle

In jeder Kita geben die Fachkräfte Regeln zur Gestaltung des Alltags und des Zusammenlebens vor. Regeln sind wichtig und richtig, sie bieten den Kindern Sicherheit und Orientierung und tragen wesentlich zur Umsetzung des Erziehungs- und Bildungsauftrags bei. Trotzdem bedeuten Regeln auch immer Einschränkungen des Freiraums von Kindern und Erwachsenen und sollten deshalb sehr bedacht eingesetzt werden. Den Kindern sollten im gemeinsamen Beisammensein nur sinnvolle Regeln auferlegt werden. Regeln also, die das Zusammenleben ordnen und erleichtern oder der Sicherheit der Kinder dienen. Zu viele Regeln stören das Miteinander. Die Kinder können sie kaum überblicken und einhalten und auch die Erwachsenen tun sich mit der Überwachung und Durchsetzung schwer. Besonders

- junge Kinder,
- Kinder, denen es schwerfällt, ihr Verhalten zu kontrollieren,
- Kinder, die erst Deutsch lernen, oder
- Kinder mit kognitiven Entwicklungsbesonderheiten

sind von zu vielen Regeln schnell überfordert. Ein Kind, das häufig zurechtgewiesen wird, bekommt das Gefühl, dass etwas mit

Literatur- und Medientipp

Fromme-Seifert, V./Kamcili-Yildiz, N. (2018): Miteinander feiern. Die 7 schönsten Feste für interkulturelle Kita-Gruppen. München: Don Bosco.

Interkultureller Kalender mit kurzen erläuternden Texten: https://ik-kalender.de

Wolter, B. (2017): Let's Party?! Umgang mit religiösen Festen. Anregungen für eine diskriminierungssensible Praxis. https://situationsansatz.de/Publikationen_kiwe.html (letzter Zugriff: 19.07.2019)

Vorfahrt geregelt?

ihm nicht stimmt, dass es so, wie es ist, nicht richtig ist. Das beschädigt sein Selbstbild und kann zu Verhaltensauffälligkeiten wie Aggression oder Rückzug führen.

Schauen wir genauer hin, finden wir im Kita-Alltag viele Regeln, die unnötig sind und oft nur um ihrer selbst willen aufrechterhalten werden. Die folgenden Beobachtungen sind gute Hinweise darauf, dass eine Regel vielleicht nicht sehr sinnvoll ist:

- Den Kindern/einzelnen Kindern fällt es schwer, die Regel zu befolgen.
- Die Fachkräfte haben Mühe, die Einhaltung der Regel zu überwachen.
- Die Begründung für die Regel ist „Weil man das so macht/nicht macht“ oder „Weil das schon immer so war“.
- Verschiedene Fachkräfte legen die Regel unterschiedlich aus.
- Einzelne Fachkräfte kennen die Regel gar nicht.

Grundsätzlich sollten Sie beim Festlegen und Formulieren von Regeln einige Richtlinien beachten:

1. Kinder aktiv einbeziehen

Fragen Sie bei den Kindern explizit nach, welche Regeln sie sich wünschen und welche sie gerne abschaffen würden. Lassen Sie sich auf eine Diskussion ein, in der Sie die Wünsche und Argumente wertschätzend und ergebnisoffen abwägen. Formulieren Sie den Wortlaut der Regeln gemeinsam mit den Kindern. So stellen Sie sicher, dass diese die Regeln verstehen und sich mit ihnen identifizieren können. Hängen Sie die gesetzten Kita- und Gruppenregeln gut sichtbar in den jeweiligen Räumen auf. Fachkräfte, Kinder und Eltern werden so regelmäßig erinnert und können einander, wenn nötig, auf die Einhaltung hinweisen. Präsentieren Sie die Regeln so, dass jede*r sie „lesen“ und verstehen kann. Dazu können, wie bereits beschrieben, Fotos, Bilder und Piktogramme genutzt werden. Oder die Kinder malen die Regeln. Lassen Sie sie wählen, welche Regel(n) sie zeichnen möchten, und nutzen Sie alle entstandenen Bilder. Die Kinder können die Regeln so leichter erinnern. Die Zeichnungen regen zum Gespräch an und sind eine gute Gelegenheit, um die Regeln immer wieder mit einzelnen Kindern oder der ganzen Gruppe zu besprechen.

2. Regeln müssen eindeutig sein

Es kommt häufig vor, dass Regeln nicht explizit formuliert sind, sondern als unausgesprochene Erwartungen der Fachkräfte im Raum stehen. Damit die Kinder Regeln verstehen und befolgen können, müssen diese klar und eindeutig benannt sein. Was auf den ersten Blick selbstverständlich erscheint, ist es in der Praxis häufig nicht. Ein Beispiel ist die „Wer hatte es zuerst“-Regel, die oft bei Konflikten um Spielzeug angewandt wird. Dabei bekommt die Person Recht, die das Spielzeug „zuerst hatte“, und die andere muss verzichten. Obwohl sich diese Regel großer Beliebtheit erfreut, ist sie zum Lösen von Konflikten nicht geeignet. Die Schwierigkeit liegt u. a. darin, klar zu definieren, wann dieses „zuerst“ beginnt. Die Einhaltung der Regel ist in den meisten Fällen reine Auslegungssache und die Erwachsenen bestimmen willkürlich, wer etwas „zuerst“ hatte. In jedem Fall hilft diese Regel den Kindern nicht, Konflikte selbstständig zu lösen.

Aus der Praxis

Lejana spielt mit einer Puppe, legt sie weg und spielt in der Kinderküche. Lunas nimmt sich die Puppe. Hatte Lejana die Puppe dann „zuerst“? Wie lange muss ein Spielzeug unbespielt sein, damit es sich ein anderes Kind nehmen darf? Darf ein Kind ein Spielzeug über längere Zeit besetzen, obwohl es nicht aktiv damit spielt, sondern nur Blickkontakt hat?

3. Regeln an die Kompetenzen der Kinder anpassen

Nicht nur in inklusiven Kitas kommen Kinder mit ganz unterschiedlichen Fähigkeiten und Fertigkeiten zusammen. Dies müssen wir auch bei der Vereinbarung und Durchsetzung von Regeln im Blick behalten. In der Praxis wird der Unterschiedlichkeit der Kinder häufig dadurch Rechnung getragen, dass bestimmte Regeln nur für eine bestimmte, augenscheinlich homogene Gruppe von Kindern gelten. Nur die Vorschulkinder dürfen allein in den Garten, nur die Krippenkinder mit den Fingern essen oder nur die 4- und 5-Jährigen beim Kindertanz mitmachen. In inklusiven Kitas stößt dieses Vorgehen schnell an seine Grenzen, da Ausnahmen von der Regel nötig sind. Gerade diese Ausnahmen kennzeichnen bestimmte Kinder als „anders“ und können somit ausgrenzend wirken. Sinnvoller ist es daher, Regeln an bestimmte Fähig- und Fertigkeiten zu knüpfen und diese den Kindern transparent zu machen. Regeln müssen realistische Erwartungen an die Kinder stellen. Wir müssen uns immer wieder fragen, ob jedes Kind kognitiv, motorisch, sprachlich und sozial-emotional in der Lage ist, die Regel zu befolgen. Das ist in der Praxis oft schwieriger zu beurteilen, als es auf den ersten Blick aussieht.

Regeln finden, die für alle gelten

Aus der Praxis

Anna ist 6 Jahre alt, sie hat linksseitig eine motorische Bewegungsstörung, die im Alltag kaum auffällt. In Annas Kindergarten gilt für Vorschulkinder folgende Regel: „Wir essen mit Messer und Gabel.“ Meistens gelingt ihr das gut. Es gibt aber auch Tage, an denen die Spastik in ihrer linken Hand stärker ist als sonst und sie die Gabel nur unter großer Anstrengung halten kann. Der Erzieherin ist diese Schwierigkeit nicht bewusst. Sie hält Anna fortwährend an, „richtig“ zu essen. Anna wird so beschämt und sie bekommt das Gefühl, dass sie nicht „richtig“ is(s)t. Um dieser Situation aus dem Weg zu gehen, isst Anna an solchen Tagen nur wenig, manchmal auch gar nichts.

4. Regeln werden von allen Fachkräften umgesetzt

Eine klare Formulierung der Regeln hilft nicht nur Kindern, sondern auch Fachkräften dabei, diese umzusetzen. Für Kinder ist eine solche Konstanz in der Regelauslegung und Umsetzung sehr wichtig. Nur wenn sie genau verstehen, was sie dürfen und nicht dürfen, fühlen sie sich sicher und können sich frei und ungezwungen im Alltag bewegen. Eine willkürliche Auslegung und Durchsetzung von Regeln verunsichert und hemmt die Kinder. Das gilt in besonderem Maße für sehr junge Kinder und Kinder mit kognitiven Herausforderungen oder Schwierigkeiten bei der Informationsverarbeitung, wie z. B. Autismus, Downsyndrom oder ADHS. Diesen Kindern fällt es oft schwerer, sich flexibel auf verschiedene Personen und deren Erwartungen einzustellen, und sie benötigen ein hohes Maß an Strukturierung, Verlässlichkeit und Vorhersehbarkeit, um sich im Alltag zu orientieren und zurechtzufinden.

5. Regeln gelten für alle

Herzstück einer inklusiven Weltanschauung ist der Gedanke, dass alle Menschen gleichwürdig sind und grundsätzlich die gleichen Rechte haben. Inklusion leben heißt vor allem auch Inklusion vorleben. Worte bleiben nur leere Hülsen, wenn sie nicht in die Tat umgesetzt werden. Im Kita-Alltag lässt sich häufig beobachten, dass Regeln zwar für die Kinder, aber nicht für die Fachkräfte gelten. Kinder müssen in den Innenräumen Hausschuhe tragen, Fachkräfte laufen gerne auch mal mit den Straßenschuhen herum. Kinder dürfen keine Süßigkeiten mitbringen, aber Erzieher*innen schätzen die „Nervennahrung“ und bedienen sich gerne zwischendurch an Gummibärchen und Schokolade. Die Kinder müssen essen, „was da ist“, und die Tischregeln befolgen, während eine Erzieherin bei Tisch regelmäßig ihr mitgebrachtes Mittagessen verspeist oder ein Erzieher auch schnell mal im Stehen einige Bissen hinunterschlingt. Wenn Sie ein wenig überlegen, fallen Ihnen sicher auch zahlreiche Beispiele für solche Regelverletzungen ein. Für all diese Verhaltensweisen gibt es mehr oder weniger plausible Erklärungen: „Ich bin ja nur kurz im Gruppenraum und gehe dann gleich wieder raus in den Garten“, „Mir schmeckt das gelieferte Essen nicht“ oder „Es muss manchmal einfach schnell gehen“. Kinder sind sensibel für solche Ungerechtigkeiten und nehmen sehr wohl wahr, dass manche Regeln nicht für alle gelten. Als Fachkräfte leben wir so vor, dass manche Menschen „gleicher“ als andere sind und dass auch in der Kita die „Macht des/der Stärkeren“ gilt. Ist es das, was wir den Kindern vermitteln wollen? Sicher mag es im Kita-Alltag vereinzelt Fälle geben, in denen eine Sonderregelung für Fachkräfte nötig ist. Solche Ausnahmen von der Regel sollten aber so gering wie möglich gehalten und den Kindern klar kommuniziert werden. Als Fachkräfte ist es unsere Aufgabe, die Beweggründe für unser Handeln zu erklären und mit den Kindern in den Austausch zu gehen. Vielleicht können auch gemeinsam mit den Kindern Kompromisse und Lösungen gefunden werden.

4. Räume für alle

Räume spielen auch in inklusiven Kitas eine wichtige Rolle. Sie laden zum Spielen und Entdecken ein, fordern zum Bauen und Konstruieren, zu Rollenspielen oder kreativem Gestalten auf. Sie motivieren Kinder, sich zu bewegen und den eigenen Körper auszuprobieren, oder helfen dabei, zur Ruhe zu kommen und zu entspannen. Gut durchdachte und liebevoll eingerichtete und strukturierte Räume unterstützen und entlasten die Fachkräfte und werden daher auch als „dritter Erzieher“ bezeichnet. Aber Räume wirken auch noch anders: Sie sind entweder inklusiv und laden zum Mitmachen und Dabeisein ein oder grenzen Menschen und Menschengruppen aus und erschweren die Teilnahme. Inklusive Räume sind barrierefrei, d. h., alle Kinder und Erwachsenen können ihr Angebot vollumfänglich nutzen. „Alle Kinder und Erwachsenen“ bezieht sich dabei auf alle Menschen, die die Kita momentan besuchen bzw. deren Besuch in naher Zukunft geplant ist. Das erleichtert die Raumplanung maßgeblich, da zunächst nicht alle möglichen Interessen, Kompetenzen, Hintergründe, Einschränkungen und Behinderungen bedacht werden müssen. Die Fachkräfte richten ihre Raumgestaltung „nur“ danach aus, ob alle Kita-Kinder, Familien und Kolleg*innen die Räume optimal nutzen können.

Erreichbare Spielmaterialien ermöglichen Selbstständigkeit

Reflexionsfragen zur Barrierefreiheit von Räumen

Barrierefreiheit wird auf verschiedenen Ebenen gedacht. Folgende Fragen beleuchten die wichtigsten drei Aspekte:

- **Der Körper und die Sinne:** Sind die Räume für alle, unabhängig von ihrer körperlichen Verfasstheit, zugänglich? Können Kinder und Erwachsene mit körperlichen und sinnlichen Einschränkungen oder Behinderungen sich gut zurechtfinden und sie optimal nutzen?
- **Die Sprache:** Finden sich auch Menschen, die nicht lesen können, ohne Hilfe zurecht?
- **Das Alter:** Haben die Räume für Menschen verschiedener Altersgruppen hohen Aufforderungscharakter?

Einige Grundsätze helfen dabei, in Kitas tatsächlich Räume für alle zu gestalten:

Klare Strukturierung von Räumen und Bereichen

Die Räume sind so gestaltet, dass alle Kinder sie möglichst frei und selbstständig nutzen können. Sie regen zum (gemeinsamen) Spiel und zur aktiven und selbstgesteuerten Auseinandersetzung mit der Umwelt an. In Gruppenräumen bietet es sich an, verschiedene, klar voneinander abgegrenzte Spiel- und Aktivitätsbereiche zu schaffen, z. B. eine Ecke für Rollen- und Bauspiele, eine Bücher- und Kuschelecke und einen Platz zum Malen, Basteln und Puzzeln. Raumteiler wie Regale oder Vorhänge, Teppiche in verschiedenen Farben, unterschiedliche Bodenbeläge wie Kork und Filz oder Podeste können eingesetzt werden, um die Ecken voneinander abzugrenzen und den Raum zu strukturieren. Am besten liegen Spielräume nicht in Durchgangswegen, um den Kindern ungestörtes, konzentriertes Spiel zu ermöglichen. Eine durchdachte Strukturierung ist auch für Funktionsräume wichtig. Hier müssen einzelne Aktivitätsbereiche klar voneinander abgegrenzt, barrierefrei zugänglich und für alle Kinder nutzbar sein.

Muster und Kontraste erleichtern Kindern mit Seheinschränkung die Orientierung

Eine klare Strukturierung hilft vor allem jungen Kindern und Kindern mit sinnlichen Einschränkungen, sich zurechtzufinden. Setzen Sie dabei immer an den Fähigkeiten der Kinder an. Fragen Sie also, was das Kind wahrnimmt, und nicht, was es alles nicht wahrnehmen kann. Nutzen Sie diese Fähigkeiten als Ausgangspunkt für die Gestaltung der Räumlichkeiten. Beziehen Sie bei Planungen und (Um-)Gestaltungen das Kind und die Familie selbstverständlich mit ein. Sie wissen schließlich am besten, was dem Kind hilft und was es braucht, um sich in seiner Umgebung zu orientieren. Kinder mit einer Sehschädigung erkennen z. B. häufig Muster mit starken Kontrasten gut.

Zusätzlich können auch sogenannte Bodenindikatoren seheingeschränkten oder blinden Kindern helfen, sich im Raum und im Gebäude zu orientieren. Bei einem Neubau können solche Leitsysteme bereits fest in den Bodenbelag integriert werden, aber auch eine Nachrüstung mit kostengünstigen Mitteln ist möglich. Dazu werden z. B. Platten aus verschiedenen Materialien bzw. mit verschiedenen Strukturen (Filz, Kork, Sisal, Noppen, Luftpolsterfolie, Fell) an Boden, Wänden, Regalen, Fensterbrettern usw. befestigt. Sie kennzeichnen so den Zugang zu bestimmten Bereichen oder leiten Kinder zu verschiedenen Bereichen im Raum. Solche Hinweise helfen auch jungen Kindern und Kindern mit eingeschränkten kognitiven Fähigkeiten, denen es vielleicht schwerfällt, sich Wege zu merken, sich im Gebäude zurechtzufinden. Ein übersichtliches Leitsystem spielt vor allem in der offenen Arbeit eine wichtige Rolle, wenn Kinder selbstständig zwischen verschiedenen Räumen wechseln dürfen.

Raumakustik und Platzbedarf berücksichtigen

Kinder mit eingeschränktem Hörvermögen können nur in Räumen mit guter Akustik ihr Gehör und etwaige Hörhilfen wie Hörgerät oder Cochlea-Implantat optimal nutzen. In lauten oder hallenden Räumen fällt es ihnen schwer, gesprochene Sprache zu verstehen, und sie können nur eingeschränkt am Alltagsgeschehen teilnehmen. Von einer guten Raumakustik profitieren alle Kinder und natürlich auch die Fachkräfte. Ständiger Lärm führt zu Stress und macht auf Dauer krank. Es lohnt sich also in jedem Fall, für eine angemessene Raumakustik zu sorgen, auch wenn momentan kein Kind mit einer Hörschädigung die Kita besucht. Schalldämmer und

Praxistipp

Beispiele für die Abgrenzung von Spielecken mit großflächigen Mustern in Kontrastfarben

- Die Matratze in der Bücher- und Kuschelecke ist weiß mit großen schwarzen Punkten.
- Auf dem Regal in der Bau- und Rollenspielecke klebt auf der weißen Rückseite ein reduziertes rotes Haus.
- Der Maltisch im Funktionsraum ist blau-gelb lackiert, genauso wie die Regalbretter, auf denen sich die Malutensilien befinden.

Schallabsorber gibt es inzwischen in allen erdenklichen Varianten, z. B. als:

- Wandpaneele,
- Raumteiler,
- Säulen,
- Vorhänge,
- Deckensegel oder frei hängende Deckenobjekte,

und in den verschiedensten Farben und Designs. Teilweise können diese sogar mit eigenen Bildern bedruckt werden.

Solche Installationen lassen sich als Schalldämmer für eine bessere Akustik und als Elemente für die visuelle Strukturierung von Räumen einsetzen. So schlägt man zwei Fliegen mit einer Klappe. Wichtig ist zudem: Für Kinder im Rollstuhl oder mit Gehhilfen müssen Gänge und Eingänge breit genug sein und Räume ausreichend Platz zum Rangieren bieten. Außerdem ist darauf zu achten, dass auch Nischen gut zugänglich sind.

Geschützte Räume für Rückzug und Ruhe

Klein- und Kleinstkinder haben in der Regel noch einen unregelmäßigen Schlafrhythmus. Im Sinne der Bedürfnisorientierung sollte daher ein Ruhe- und Schlafbereich vorhanden sein, der jederzeit genutzt werden kann und leicht zugänglich ist. Dieser steht grundsätzlich auch älteren Kindern zum Ausruhen und zum Rückzug offen. Kinder mit Autismus, mit Schwierigkeiten bei der Verarbeitung von (sozialen) Informationen oder ADHS brauchen geschützte, reizarme Räume, um sich von den vielen Eindrücken, die im Alltag auf sie einprasseln, zu erholen und sich einer drohenden Reizüberflutung zu entziehen. Ruhige Farben und weiche Stoffe, wenige, mit Bedacht ausgewählte Materialien wie Kaleidoskope, Flüssigkeits-Sanduhren, Mobiles oder Klangkugeln helfen den Kindern, sich zu entspannen. Schön sind auch Zelte o. Ä., in die sich Kinder einzeln oder zu zweit zurückziehen können. Idealerweise werden solche stillen Oasen ergänzend zum Schlafraum eingerichtet.

Kinder, die sich (noch) nicht eigenständig fortbewegen können, z. B. sehr junge Kinder, Kinder mit motorischen oder Mehrfachbehinderungen, brauchen auch in den Gruppenräumen geschützte Bereiche. Dort können sie das Geschehen beobachten und ihrem eigenen Spiel nachgehen, ohne z. B. von tobenden Kindern überrannt zu werden. Hierfür bieten sich große, mit Matratzen ausgelegte Körbe an. Im Gegensatz zu Gitterbettchen oder Laufställen können andere Kinder sich leicht dazusetzen und Kontakt aufnehmen oder selbst eine kurze Pause einlegen. Hundekörbe in entsprechender Größe sind eine kostengünstige Variante.

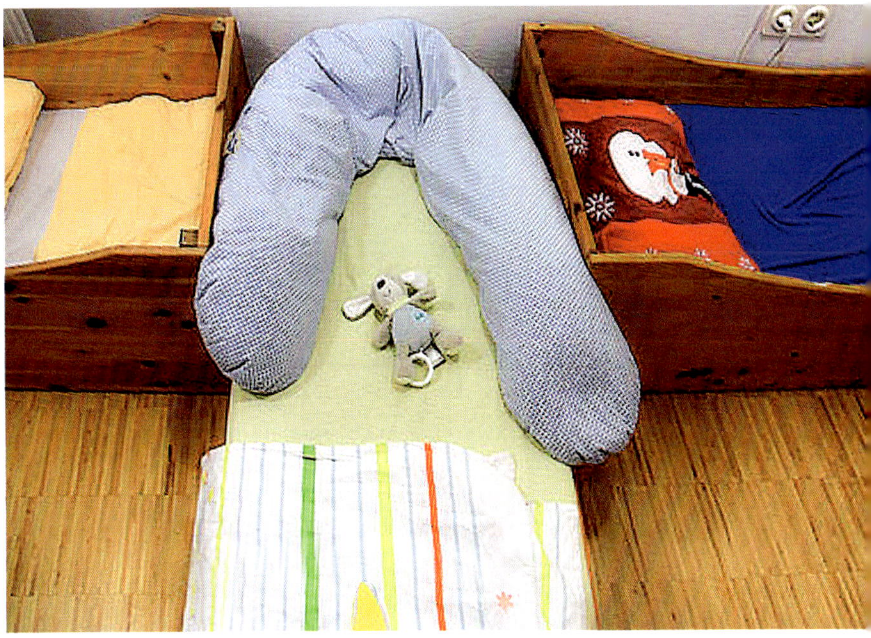

Rückzugsorte für alle schaffen

Platz für Eigenes

Ein Platz im Gruppenraum oder auf dem Gang, wo die Kinder Sachen, die ihnen wichtig sind, verstauen können, hilft dabei, sich selbst und die anderen Kinder als wichtig und anerkannt wahrzunehmen. Dieser Platz für Eigenes ist nicht mit dem Garderobenplatz oder dem Fach mit der Wechselwäsche zu verwechseln und sollte, um das zu unterstreichen, auch räumlich von diesen getrennt sein. So ein „Mein-Platz" kann z. B. eine Tasche in einem Hängeutensilo oder eine Schachtel im Regal sein. Das Kind entscheidet, was es dort aufbewahren möchte. Vom kleinen Fotobuch über das Kuscheltuch bis hin zum Stock, Kronkorken oder gebrauchten Taschentuch ist alles erlaubt, was Platz findet. Es ist völlig unerheblich, ob wir diesen Dingen Wert zuweisen. Was wertvoll ist und was nicht, entscheidet allein das Kind.

Spielflächen von Bewegungsflächen abgrenzen

Der Boden als Spielelement

Kinder, die (noch) nicht gehen können und sich krabbelnd, robbend, rollend oder rutschend fortbewegen, brauchen abgetrennte Bereiche, in die sie sich zurückziehen können. Das Zusammensein mit laufenden Kindern kann überfordernd und teilweise auch furchteinflößend sein. Stellen Sie sich einmal vor, wie es sich anfühlt, sich robbend fortzubewegen, während um Sie herum Menschen gehen, laufen, rennen oder hüpfen. Schnell kann sich ein Gefühl des Verlorenseins und des „Nicht-dabei-sein-Könnens" einstellen. Um jungen Kindern und Kindern mit körperlichen Behinderungen und Einschränkungen explizit (einen) Raum zu geben, können Bereiche eingerichtet werden, die von allen Kindern und Erwachsenen nur krabbelnd betreten werden dürfen: „Gehen verboten!" In solchen Krabbel-Nischen bietet sich eine differenzierte Bodengestaltung an. So wird der Boden selbst zu einem interessanten Raumelement. Unterschiedliche Bodenbeläge und Klangelemente, Muster auf dem Boden oder in Bodennähe und Spiegel auf niedrigster Höhe o. Ä. bieten sich zur Gestaltung an. Zudem sollten Raumelemente vorhanden sein, die unterschiedliche Bewegungs- und Sinneserfahrungen ermöglichen, z. B. etwas zum Hochziehen, zum Darüber-, Rein- oder Untendurch-Krabbeln. Durch Podeste und Hochebenen, die robbend erklommen werden können, kann der Spielraum vergrößert werden. Zugleich können die Kinder den Raum aus verschiedenen Perspektiven wahrnehmen.

Auswahl von Möbeln und Einrichtungsgegenständen

In inklusiven Räumen gibt es für alle Kinder Tische und Stühle, die ihrer Körpergröße entsprechen. Ideal sind Stühle, die so hoch bzw. niedrig sind, dass die abgewinkelten Beine einen 90°-Winkel bilden und die Füße vollflächig auf dem Boden stehen. So kann sich das Kind gut stabilisieren und sein Gleichgewicht halten. Das heißt nicht, dass die Stühle zwangsläufig höhenverstellbar sein müssen oder eine große Auswahl zur Verfügung stehen muss. Ein Stuhl kann auch auf andere Arten an die Körpergröße angepasst werden, z. B. indem ein Sitzkissen unter den Po oder eine Kiste unter den Füßen des Kindes platziert wird. Für Kinder im Rollstuhl müssen die Tische unterfahrbar sein. Gibt es im Raum Podeste, Hochebenen o. Ä., sollten diese auch mit dem Rollstuhl oder anderen Gehhilfen befahren werden können und müssen absturzgesichert sein.

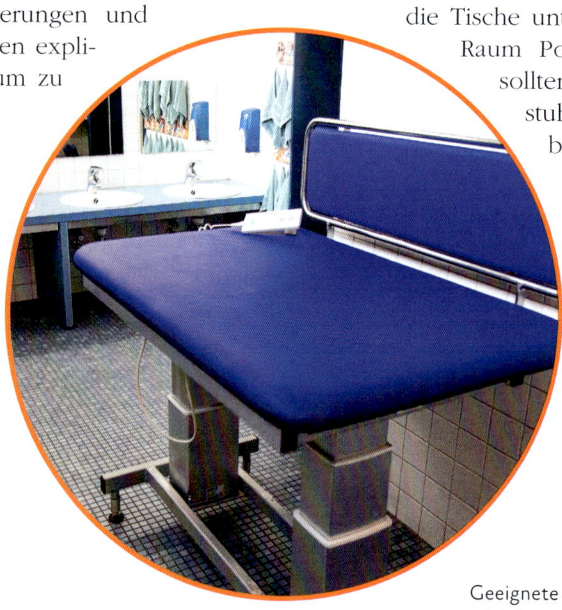

Geeignete Hilfsmittel erleichtern pflegerische Tätigkeiten

Reflexionsfragen und Selbsterfahrung zur Wahrnehmung von Räumen

Testen Sie, ob Räume, Nischen und Bereiche zugänglich und umfassend nutzbar sind und welche Herausforderungen und Stolpersteine es gibt. Begeben Sie sich dabei bewusst in den Erfahrungsraum der Kinder:

- Krabbeln, robben oder gehen Sie auf Knien durch die Räume.
- Fahren Sie mit einem Rollstuhl oder Rollator.
- Setzen Sie sich Kopfhörer auf, der Stimmen und Geräusche dämpft.
- Tragen Sie Brillen, die unterschiedliche Seheinschränkungen simulieren. Tipp: Beim Deutschen Blinden- und Sehbehindertenverband (www.dbsv.org) können diese bestellt werden.
- Tragen Sie Gewichtsmanschetten um Hand- und Fußgelenke.
- Nutzen Sie nur einen Arm.
- Legen Sie sich auf den Boden.

Nehmen Sie sich an mehreren Tagen zu verschiedenen Uhrzeiten Zeit, um Räume, Einrichtung, Farbgestaltung usw. auf sich wirken zu lassen und Eindrücke aufzuschreiben. Sprechen Sie mit den Kindern über deren Erfahrungen. Diskutieren Sie darüber im Team und überlegen Sie gemeinsam und mit den Kindern, was gut funktioniert und was verändert werden soll. Folgende Fragen können Sie beim Ordnen und bei der Reflexion Ihrer Wahrnehmungen und Eindrücke unterstützen:

- Wie fühle ich mich in den verschiedenen Räumen und Bereichen?
- Welchen Bereich erlebe ich als besonders angenehm? Warum?
- Wo fühle ich mich besonders unwohl? Warum?
- Was kann ich hören und sehen? Was liegt außerhalb meines Sichtfelds?
- Welche Materialien und Spieldinge kann ich ohne Hilfe erreichen? Welche nicht?
- An welchen Stellen muss ich mich besonders anstrengen? Wo bin ich auf Hilfe angewiesen? Welche Stellen (Materialien, Räume, Bereiche) sind oder erscheinen mir schwer oder nicht erreichbar?
- Was würde ich auf keinen Fall verändern wollen? Warum?
- Welche Veränderungen könnten sich positiv auf mein Erleben auswirken?

Inklusives Außengelände

Was für die Innenräume gilt, gilt auch für das Außengelände. Ein inklusiver Garten ist für alle zugänglich und gut nutzbar. Auch hier ist eine Unterteilung in verschiedene Bereiche sinnvoll. Unterschiedliche Bodenbeläge und verschiedenfarbige Sonnensegel kennzeichnen die Spiel- und Entdeckerzonen. Büsche, Sträucher und Steine können als Abgrenzung genutzt werden, Weidenhäuser oder Spielzelte dienen Kindern als Rückzugsmöglichkeit. Auch im Außenbereich können Farben eingesetzt werden, um unterschiedliche Bereiche noch deutlicher voneinander abzugrenzen. Einfache Möglichkeiten zur Kennzeichnung sind z. B. das Bemalen von Steinen und das Schmücken von Büschen und Bäumen mit farbigen Bändern.

Über einen Erdhügel wird die Rutsche für alle zugänglich

Fotos zeigen: Was ist in welcher Schublade zu finden?

Inklusive Spielgeräte sind für Kinder aller Altersstufen und mit unterschiedlichen Fähig- und Fertigkeiten interessant und können möglichst selbstständig genutzt werden. Nestschaukeln erfüllen diese Anforderungen genauso wie breite Rutschen, die statt über Leitern über einen flachen Hügel erklommen werden. Eine Bewegungsbaustelle bietet Kindern die Möglichkeit, ihre eigenen Bewegungsparcours zu bauen und so Bewegungsanlässe abgestimmt auf ihre Interessen und Fertigkeiten zu schaffen. Dafür können verschiedenste einfache Materialien genutzt werden wie z. B.

- Bretter,
- Balken,
- Seile,
- stabile Holzkisten,
- Umzugskartons,
- Rollbretter,
- aber auch „Exotischeres" wie Drainagerohre,
- Auto- und Lkw-Schläuche,
- Rund- oder Dreieckshölzer.

Sensory Tables und Matschküchen sind eine schöne Alternative bzw. Ergänzung zu klassischen Sandkästen. Hier können auch Kinder im Rollstuhl mit Wasser, Sand und anderen Materialien spielen, ohne ihre Bewegungsfreiheit zu verlieren. Dies nämlich würde passieren, wenn sie z. B. in den Sand gesetzt werden, sich dort aber nicht ohne Hilfe fortbewegen können.

Präsentation von Material und Zeug zum Spielen

Junge Kinder beschäftigen sich meist nur mit den Spielmaterialien, die sie sehen können. Spielzeug, das sich in Kisten, Schubladen oder hinter Schranktüren verbirgt, ist unsichtbar und wird nicht bespielt. Sich zu merken, dass in der Holzkiste auf dem Regal die Bausteine gelagert sind, überfordert die kognitiven Möglichkeiten von jungen Kindern genauso wie von Kindern mit kognitiven Einschränkungen. Die vorhandenen Materialien und Spieldinge sollten daher gut sichtbar in offenen Regalen, durchsichtigen Kisten oder Schubladen mit Sichtfenstern aufbewahrt werden und für die Kinder frei zugänglich sein. Die Materialien müssen für die Kinder unabhängig von Körpergröße oder Alter erreichbar sein. Spielgegenstände für junge Kinder werden auf dem Boden bzw. in Bodennähe platziert, während Materialien für die Älteren weiter oben in Schränken und Regalen ihren Platz finden. Auch Fotos, Poster und anderer Wandschmuck, der für Kinder bestimmt ist, sollte stets auf Kinderhöhe, nicht auf Erwachsenenhöhe angebracht sein. Auf Kinder, die kleiner sind als ihre Altersgenoss*innen, etwa weil sie im Rollstuhl sitzen und sich nicht bis zum obersten Regalboden strecken können, muss in diesem Zusammenhang besonders geachtet werden. Eine zu hohe Platzierung von Materialien kann sie ihrer Selbstständigkeit berauben und vom Spiel ausschließen.

Literaturtipp

Bendt, U./Erler, C. (2010): Spielbudenzauber. Sinnvolle Raumgestaltung in Kita und Krippe. Mülheim an der Ruhr: Verlag an der Ruhr.

Hansen, R./Knauer, R. (2015): Das Praxisbuch: Mitentscheiden und Mithandeln in der Kita. Wie pädagogische Fachkräfte Partizipation und Engagement von Kindern fördern. Gütersloh: Bertelsmann Stiftung.

Hansen, R./Knauer, R./Sturzenhecker, B. (2011): Partizipation in Kindertageseinrichtungen. So gelingt Demokratiebildung mit Kindern! Kiliansroda: verlag das netz.

von der Beek, A. (2006): Bildungsräume für Kinder von Null bis Drei. Weimar, Berlin: verlag das netz.

Ein fester Platz für Spieldinge und Materialien erleichtert die Orientierung und Kinder und Erwachsene müssen nicht lange suchen. Abbildungen der Gegenstände an den Regalen kennzeichnen, wo was hingehört, und helfen beim Aufräumen. Ergänzend kann neben jedes Regal ein großformatiges Foto gehängt werden, auf dem das eingeräumte Regal abgebildet ist. Gerade für autistische Kinder, die Sicherheit, Vorhersagbarkeit und Beständigkeit brauchen, kann ein immer gleich eingeräumtes Regal ein Ruhepol im oft chaotischen Kita-Alltag sein.

Beteiligung an der Raumgestaltung

Werden die Kinder an der Raumgestaltung und Materialauswahl beteiligt, werden Räume für Kinder zu Räumen von Kindern. Räume lassen sich von vornherein so einrichten, dass Kinder sie verändern können. Große Polster, Kisten, Stühle und kleine Tische können z. B. von Kindern selbstständig verschoben und neu angeordnet werden. Eine weitere Möglichkeit ist die Durchführung von Partizipationsprojekten, bei denen die Kinder z. B. mitentscheiden dürfen, wie ein Raum genutzt und eingerichtet wird oder welche Materialien oder Einrichtungsgegenstände als Nächstes angeschafft werden.

5. Materialien und Spielzeug für alle

In inklusiven Räumen spielen Kinder, die ganz unterschiedliche Fähigkeiten und Interessen haben. Jedes Kind muss Materialien und Spieldinge vorfinden, die es interessant findet und mit denen es sich gerne beschäftigt. Eine gute Wahl ist Spielzeug, das auf vielfältige Arten genutzt werden kann, wie z. B. Naturmaterialien, sogenannte Loose Parts (z. B. Muggelsteine, Holzstäbe) und Alltagsgegenstände aller Art. Verschluckbare Kleinteile und andere Dinge, die Kleinkindern gefährlich werden können, müssen sicher aufbewahrt werden. Großformatiges Spielzeug wie Schaumstoffklötze, Kartons und Tücher regen zum gemeinsamen Spiel an. Noch mehr Möglichkeiten zum Entdecken und zum Gestalten gibt es, wenn die Kinder auch das Mobiliar bespielen dürfen. Tische werden zu Häusern, Wäschekörbe zu Piratenschiffen und Sofas zu Hüpfburgen. Verzichten Sie möglichst auf enge Vorgaben zur Verwendung, das schränkt die Kinder ein und bremst ihre Kreativität. Für Kinder, die sich (noch) nicht selbstständig fortbewegen können, sind Mobiles und Sinnesduschen anregende Spielzeuge. Diese können Sie aus einfachen Materialien selbst herstellen. Ein Mobile kann z. B. auch mit Klettband am Fußgelenk des Kindes befestigt werden. Strampelt es, bewegt sich auch das Mobile. So erfahren schon sehr junge Kinder und Kinder, die sich nur eingeschränkt bewegen können, Selbstwirksamkeit.

Alltagsgegenstände lassen sich vielfältig nutzen

Grundsätzlich sollten einige Dinge bei der Auswahl von Spielmaterial beachtet werden:

Materialanpassungen

Kinder mit Behinderungen benötigen Materialien, die auf ihre Fähigkeiten abgestimmt sind, um möglichst selbstbestimmt am Alltag teilnehmen zu können. Solche Anpassungen können häufig relativ einfach vorgenommen werden. Kinder mit Bewegungseinschränkungen oder Empfindungsstörungen in den Händen fällt

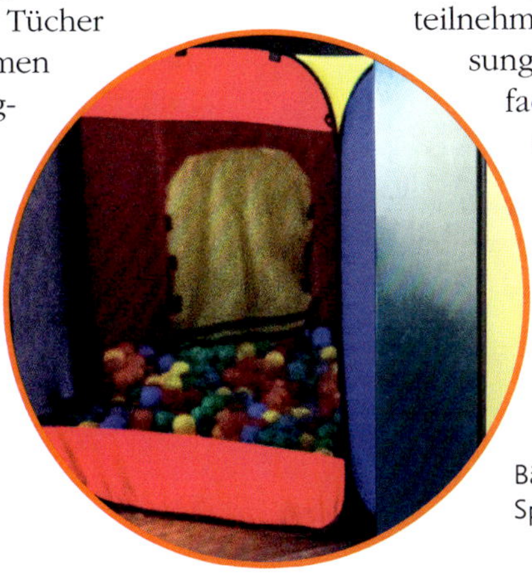

Bällebad als inklusives Spielangebot

Literaturtipp

Bostelmann, A./Fink, M. (2015): Glitzerflaschen und Co: 33 Ideen für selbstgemachtes Spielzeug in Krippe und Kita. 3. Auflage, Berlin: Bananenblau.

z. B. das Essen mit Besteck oft schwer. Ihre feinmotorischen Fähigkeiten reichen nicht aus, um den dünnen Griff von Gabel oder Löffel sicher zu halten und zum Mund zu führen. Ein Plastikschlauch, z. B. aus dem Aquarienbedarf, oder eine Rolle aus Moosgummi oder Filz auf den Griff gesteckt, macht diesen dicker und leichter zu greifen. So können übrigens auch Malpinsel verstärkt werden. Eine Tellerranderhöhung, die auf einen regulären Teller aufgesetzt wird, erleichtert das Aufnehmen von Speisen auf Gabel und Löffel und verhindert, dass Essen über den Tellerrand rutscht. Tischsets aus Silikon sorgen dafür, dass das Geschirr beim Essen nicht so leicht verrutscht. Bei kreativen Angeboten können Roll-on-Deos von Kindern mit feinmotorischen Bewegungseinschränkungen zum Malen genutzt werden. Dazu werden leere Deo-Behälter mit verdünnter Acrylfarbe gefüllt. Malerkrepp verhindert ein Verrutschen des Blattes. Solche angepassten Materialien unterstützen auch junge Kinder. Eine kleine Tasche, die an die Bremsen des Rollstuhls gehängt wird, erlaubt es dem Kind, Spieldinge und Material zu transportieren und trotzdem beide Hände zum Anschieben frei zu haben.

Vorurteilsbewusste, nicht-stereotype Materialien

Eine unserer Hauptaufgaben ist die Bereitstellung vorurteilsbewusster Materialien. Und es ist gar nicht so leicht, Materialien zu finden, die keine Stereotype bedienen und mit denen sich alle Kinder identifizieren können. Das beginnt beim Maltisch und zieht sich über Rollenspielmaterialien bis hin zu Kinderbüchern. Gerade bei der Auswahl von Farbstiften sollten Sie sich folgende Fragen stellen:

- Gibt es bei den Farbstiften einen „Hautfarbe"-Stift? Was für eine Farbe hat er? Blässliches Rosa oder Beige?
- Ist das tatsächlich „hautfarben"? Gibt es nicht auch viele Menschen mit anderen Hautfarben? Ocker, Rotbraun, Elfenbein, Schwarz?
- Was bedeutet es für Kinder, wenn es für ihre Hautfarbe keinen Stift gibt, der auch so heißt?
- Was für eine Art von Normalität kann hier von allen Kindern – im wahrsten Sinne des Wortes – gezeichnet werden?

Eine tiefere Reflexion ist auch bei Geschlechterstereotypen notwendig: Wir gehen – bewusst und unbewusst – davon aus, dass Mädchen und Jungen anders und mit anderen Spielzeugen spielen. Das spiegelt sich oft auch in der Anordnung von Materialien und Spieldingen im Raum wider. Bausteine, Autos und Zugschienen sind in einem anderen Bereich als Kinderküche, Puppen und Verkleidungskiste. Um solchen Rollenzuschreibungen im Sinne von „das ist Jungen-Spielzeug, das ist Mädchen-Spielzeug" entgegenzuwirken und das Zusammenspiel zwischen Kindern zu fördern, kann man Bau- und Rollenspiel einfach zusammenlegen. So kommen die Kinder erst gar nicht auf die Idee, Puppen- und Bauecke gedanklich zu trennen.

Materialien für Rollenspiel und Verkleidung überprüfen

Rollenspielbereiche werden – oft unbewusst – für Mädchen gestaltet. Es gibt darin kaum Verkleidungen für Jungen und auch Puppen mit den dazugehörigen Puppenkleidern sind hauptsächlich weiblich. Aber auch andere Vielfaltsaspekte wie Kultur bzw. Ethnie oder Behinderung bleiben häufig unberücksichtigt. Betrachten Sie daher auch die Materialien für Rollenspiel und Verkleidung genauer und stellen Sie sich folgende Fragen:

Vielfältiges Spielmaterial anbieten

- Gibt es für alle Kinder Identifikationsmöglichkeiten?
- Können die Kinder in die unterschiedlichsten Rollen schlüpfen?
- Welche männlichen Rollen können eingenommen werden?
- Gibt es (genug) männliche Puppen mit entsprechenden Anziehsachen?
- Gibt es auch Puppenkleider und Verkleidungsutensilien, die unisex sind?
- Gibt es Puppenkleider und Verkleidungsutensilien aus unterschiedlichen Kulturen?
- Können, neben Kochen, Haushalt und Verkauf, auch andere Berufe nachgespielt werden?
- Gibt es z. B. Aktentaschen, Werkzeugkoffer, Laptops, Telefone, Schere und Kamm oder Mikroskope?
- Sind verschiedene Hautfarben repräsentiert? Gibt es Puppen verschiedener Ethnien? Dominiert dabei eine Hautfarbe?
- Bieten Rollenspielmaterialien die Möglichkeit, in das Erleben von Kindern mit körperlichen Behinderungen hineinzuschlüpfen? Gibt es z. B. Beinschienen, Krücken oder Hörhilfen?

In das Projekt „Inklusiver Verkleidungs- und Rollenspielbereich" können Sie auch die Eltern gut einbeziehen. Bitten Sie sie, ausgediente Kleidung und Alltagsgegenstände mitzubringen.

Vielfaltsaspekt bei Büchern berücksichtigen

Viele Kinderbücher stellen Menschen und ihr Leben sehr einseitig dar und beleuchten die Welt aus der immer gleichen Perspektive. Die Menschen sind weiß, heißen Jakob und Emma, haben ein eigenes Zimmer und viele Spielsachen, die Väter gehen arbeiten und die Mütter kümmern sich um Kinder und Haushalt. Viele Aspekte aus dem wirklichen Leben tauchen nicht auf. Es gibt keinen Leon, der bei seiner alleinerziehenden Mutter lebt, oder eine Seynab, die chronisch krank ist. Auch von einem Juri, der mit zwei Vätern aufwächst, und einer Maria, deren kleine Schwester das Downsyndrom hat, wird nicht erzählt. Es gibt keine Geschichte, in der arbeitslose Eltern auftauchen, oder ein Kind, das eine Sehschädigung hat. Warum spielt fast nie ein Kind die Hauptrolle, das in Armut aufwächst oder stark übergewichtig ist? Kinderbücher, in denen bestimmte Kinder und Familien nicht auftauchen, beschreiben eine Normalität, die es so nicht gibt. Auch Bücher, die dem entgegenwirken wollen, senden oft

Auf nicht-stereotype Darstellungen in Büchern achten

problematische Botschaften. Sie erzählen zwar von Kindern mit oben beschriebenen Erfahrungen, stellen aber meist die vermeintlichen „Besonderheiten" in den Mittelpunkt der Geschichte. Die „Besonderheit" des Kindes und seiner Familie wird zum maßgeblichen Aspekt. Diese werden so als „anders" identifiziert und die Erzählungen wirken ausgrenzend, obwohl sie eigentlich das Gegenteil bewirken sollen.

Auf dem Buchmarkt gibt es bisher nur wenige Bücher, die vorurteilsbewusste Geschichten erzählen und Stereotypisierungen und Ausgrenzungen vermeiden. Oft werden nur einzelne Vielfaltsaspekte thematisiert und nur bestimmte Aspekte vorurteilsbewusst dargestellt. Entscheiden Sie von Buch zu Buch, ob Sie es behalten oder nicht. Überlegen Sie, wie

Materialtipp

Buntstifte für verschiedene Hautfarben gibt es z. B. auf www.hautfarben-buntstifte.com. Dort ist auch „So bunt ist Deutschland. Ein Malbuch für die Vielfalt" mit schönen, detailreichen Malvorlagen, die ganz selbstverständlich Diversität und Vielfalt abbilden, erhältlich.

Literatur- und Medientipp

Labor Ateliergemeinschaft (2019): Ich so du so. Alles super normal. 4. Auflage, Weinheim: Beltz & Gelberg.

Maxeiner, A./Kuhl, A. (2013): Alles Familie. Vom Kind der neuen Freundin vom Bruder von Papas früherer Frau und anderen Verwandten. Leipzig: Klett Kinderbuch.

Tuckermann, A./Schulz, T. (2014): Alle da! Unser kunterbuntes Leben. Leipzig: Klett Kinderbuch.

www.bilderimkopf.eu – Stichwort „Kinder- und Jugendmedien: Gute Beispiele": Kinderbücher und andere Medien zu verschiedenen Vielfaltsaspekten

www.kinderwelten.net – Stichwort „Vorurteilsbewusste Kinderbücher": Buchempfehlungen für Krippe und Kindergarten

www.dbsv.org/uebersicht-tastbuecher.html: Bilderbücher zum Ertasten

Sie verzerrte oder stereotype Darstellungen beim Vorlesen und Anschauen mit den Kindern thematisieren und entkräften können.

Üben Sie mit den Kindern, Abbildungen und Geschichten kritisch zu betrachten und Ausgrenzungen, Verzerrungen und stereotype Darstellungen aufzudecken. Entwerfen Sie gemeinsam Alternativen zum Dargestellten.

Vielfalt und Gemeinsamkeit sichtbar machen

Inklusion macht Vielfalt genauso wie Gemeinsamkeit sichtbar. Wir sollen und dürfen verschieden sein. So wird Vielfalt zur Normalität. Dazu gehört z. B., dass die unterschiedlichen Kulturen und Sprachen der Familien sichtbar sind und verschiedenste Hilfsmittel und Materialien selbstverständlich zum Gruppenalltag gehören. Sie werden nicht nur für ein bestimmtes Kind hervorgeholt, sondern dürfen von allen Kindern genutzt werden. Beispielsweise dürfen auch Kinder, die das eigentlich nicht „brauchen", Besteck mit verstärkten Griffen benutzen, Tastbücher anschauen, unter der Sinnesdusche liegen oder, wenn das Kind seinen Rollstuhl ausleihen möchte, im Rollstuhl sitzen. Auch Abbildungen von Gebärden oder Elternbriefe in verschiedenen Sprachen, für alle sichtbar im Flur aufgehängt, zeigen Vielfalt und tragen dazu bei, diese als normal wahrzunehmen.

Reflexionsfragen zu inklusiven Kinderbüchern

Sichten Sie – am besten zu zweit – die Kinderbücher Ihrer Gruppe. Stellen Sie sich dabei folgende Fragen:

- Kommen in der Geschichte Kinder mit unterschiedlichen Vorerfahrungen und Familienkulturen vor, z. B. ein Kind, das mit nur einem Elternteil aufwächst, dessen Eltern zugewandert sind oder das mit einer Behinderung lebt?
- Werden die Menschen vielfältig und nicht stereotyp dargestellt? Gibt es z. B. dicke und dünne Menschen, Personen mit verschiedenen Haut-, Haar- und Augenfarben und unterschiedlichen Kleidungsstilen? Haben die Personen verschiedene Interessen, Meinungen und Fähigkeiten, z. B. ein Vater als Hausmann, ein Junge mit Schleifen im Haar oder eine handwerklich begabte Oma?
- Ist das Buch frei von diskriminierenden und ausgrenzenden Abbildungen oder Inhalten? Werden z. B. Menschen unterschiedlicher Kulturen realistisch dargestellt? Oder übernimmt ein Kind mit Behinderung eine aktive, lebensnahe Rolle, ist weder Opfer noch Superheld*in? Sind Menschen mit Migrationshintergrund wichtige Mitglieder der Gesellschaft und übernehmen sie auch Führungsrollen?
- Greift die Geschichte die Vielfalt von Lebensgewohnheiten auf, z. B. ein Elternteil, der Schichtdienst arbeitet, eine Familie, die nicht zusammen frühstückt, oder ein Kind ohne eigenes Zimmer?
- Kann sich jedes Kind wiederfinden und positiv mit dem Dargestellten identifizieren?
- Erleben die Personen in der Geschichte authentische Gefühle, also nicht nur Freude, sondern auch Wut, Enttäuschung, oder Angst? Werden diese Gefühle konkret benannt und dürfen sie erlebt und ausgelebt werden?
- Wird dazu angeregt, kritisch über Vorurteile und Diskriminierung nachzudenken?
- Macht die Geschichte Mut, sich gegen Diskriminierung und Ungerechtigkeit zu wehren?

(Die Fragen sind von den Kriterien für „Vorurteilsbewusste Kinderbücher" der Fachstelle Kinderwelten abgeleitet.)

Miteinander ohne Vorbehalte

IV. Inklusion als Weg und Ziel

1. Umgang mit Stolpersteinen

Inklusion wird lebendig, wenn alle der Kita zugehörigen Menschen – egal ob Kinder oder Erwachsene – selbstverständlich und tagtäglich am Leben in der Gruppe teilhaben und, ausgehend von ihren individuellen Fähigkeiten und Kompetenzen, Interessen und Vorlieben, aktiv und selbstbestimmt ihren Teil beitragen. Inklusion erkennt an, dass nie alle gleichartig – also auf dieselbe Weise – beitragen können, und betrachtet dennoch alle Einbringungen als gleichwertig. Allen Menschen wird die gleiche Wertschätzung und Achtung entgegengebracht, jede*r darf einzigartig und besonders sein und ist gleichzeitig ein vollwertiges und unersetzbares Mitglied der Gruppe. Die Herstellung und das bewusste Erleben von Gemeinsamkeit in der Vielfalt ist in inklusiven Gruppen beides: Ausgangspunkt und Ziel. Zu einem offenen Umgang gehört auch, dass Bedenken und Ängste, die Inklusion und die Vielfalt von Kindern und Familien betreffen, angesprochen werden dürfen. Treten Sie mit Kolleg*innen, Kindern und Eltern in einen ehrlichen Austausch. Probleme und Vorbehalte werden durch Schweigen nicht weniger – im Gegenteil. Eine offene Kommunikation bietet die Chance, einander grundsätzliche Wertschätzung entgegenzubringen, das Gegenüber besser zu verstehen und Vorurteile zu entkräften. Gleichzeitig müssen wir Inklusion und unsere Haltung dazu auch in schwierigen Diskussionen klar vertreten: Verschiedenheit gehört zum menschlichen Leben und das Anerkennen derselben ist ein Wert an sich, der keiner weiteren Rechtfertigung bedarf.

Trotzdem macht es Sinn, sich im Team über mögliche Kritik und häufige Stolpersteine auszutauschen, um hier, wenn nötig, gut vorbereitet in die Auseinandersetzung gehen zu können und Fallstricke möglichst zu umgehen. Folgende Fragen und Stolpersteine begegnen fast jedem Team:

Ablegen in Richtung Inklusion

Was bringt die Inklusion dem einzelnen Kind?
Jedes Kind entwickelt sich individuell und benötigt zu bestimmten Zeitpunkten besondere Zuwendung, etwa während eines Entwicklungssprungs oder bei einschneidenden Erlebnissen wie z. B. Trennung der Eltern, Geburt eines Geschwisterkindes, Übertritt in eine andere Kita usw. Inklusion erkennt die Verschiedenheit aller Menschen an und das kommt allen Kindern zugute. Jedes Kind wird in seiner Individualität und seinen Bedürfnissen wahr- und angenommen und bekommt die Zuwendung und die Hilfestellung, die es gerade benötigt. Außerdem haben inklusive Kitas in der Regel einen besseren Personalschlüssel und betreuen insgesamt weniger Kinder. Das hat Vorteile für alle Kinder und Fachkräfte.

Was bringt die gemeinsame Erziehung von Kindern mit und ohne Behinderung den nicht-behinderten Kindern?
Eine gemeinsame Erziehung muss nichts bringen und ist trotzdem gerechtfertigt und richtig. Die Aufnahme von Kindern mit Behinderungen muss keine Vorteile mit sich bringen, denn Inklusion geht davon aus, dass alle Kinder, so verschieden sie auch sein mögen, ohne Unterschied zur Gruppe gehören und ein Recht auf Teilnahme haben. Kinder mit Behinderungen genauso wie alle anderen Kinder. Wir würden schließlich auch nicht fragen: „Was bringt es den anderen Kindern, dass Ihr Kind jetzt hier betreut wird?"

Aber Inklusion hat ja auch Grenzen. Für Kinder mit Schwerst-Mehrfachbehinderungen oder mit Verhaltensauffälligkeiten ist das nichts, oder?
Inklusion und inklusive Bildung sind kein hübsches Zusatzangebot, sondern ein Menschenrecht, verankert in der UN-Behindertenrechtskonvention (s. Kapitel I) und somit nicht verhandelbar. Von dem Recht auf Inklusion können einzelne Kinder oder bestimmte „Diagnosen" daher nicht ausgeschlossen werden. Es kann zwar sein, dass Ihre Kita noch nicht bereit ist für die Aufnahme einzelner Kinder. Das heißt aber nicht, dass Inklusion bei diesem Kind „nicht funktioniert" oder „nichts für es ist". Stattdessen werden falsche und unzureichende Voraussetzungen sichtbar wie z. B. halbherzige Bemühungen um Inklusion aufseiten der Fachkräfte, der Leitung, des Trägers oder der Politik und damit einhergehend eine unzureichende Ausstattung von Kitas mit Fachpersonal, Räumen, Materialien, externen Unterstützungssystemen, Ressourcen für Fort- und Weiterbildungen usw. Die Frage ist: Wie muss sich unsere Kita verändern, um dieses Kind mit seinen individuellen Bedürfnissen aufnehmen zu können? Welche Unterstützung brauchen wir hierfür? Wenn bei einem Kind Inklusion nicht gelingt, liegt das nicht an ihm selbst, sondern an Vorurteilen, fehlender Unterstützung und nicht-inklusiv ausgerichteten Rahmenbedingungen und Systemen. Daran gilt es anzusetzen und das gilt es deutlich und nachdrücklich an die Verantwortlichen zu kommunizieren.

Einige Kinder reden in ihrer Familiensprache miteinander. Was sollen wir tun?
Mehrsprachig aufwachsende Kinder wechseln in verschiedenen Umgebungen flexibel zwischen verschiedenen Sprachen. Sie sprechen zu Hause z. B. polnisch und in der Kita deutsch. Sprechen die Kinder in der Kita ihre Familiensprache, kann sich das auf das Zusammensein in der Kindergruppe nachteilig auswirken. Das Sprechen in den Familiensprachen wirkt ausgrenzend. Kinder, die die Sprache nicht verstehen, können sich nicht am Gespräch beteiligen und auch nur schwer ins Spiel einsteigen, da sie nicht erfassen, um was es gerade geht. Das gilt vor allem für Rollen- und Fantasiespiele, in denen die sprachliche Umformung der Realität eine wichtige Rolle spielt. Gleichzeitig ist aber das gemeinsame Spiel der Raum, in dem Kinder im Kin-

dergarten- und Krippenalter Freundschaften schließen und Gleichheit und Gemeinsamkeit erfahren. Die erlebte Ausgrenzung wirkt dabei in zwei Richtungen: Andere Kinder können nicht ohne Weiteres teilnehmen, und so werden die Kinder, die ihre Familiensprache sprechen, auch selbst nicht zur Teilnahme aufgefordert. Die Kinder bleiben unter sich. Kinder sind füreinander hervorragende Sprachvorbilder. Sie befinden sich auf einem ähnlichen Entwicklungsniveau und nutzen einen – im Vergleich zu Erwachsenen – reduzierten Wortschatz sowie eine einfachere Grammatik und interessieren sich für ähnliche Themen. Einsprachige Kinder dienen im Deutschen als kompetente sprachliche Vorbilder (vgl. Rothweiler/Ruberg 2011). Kinder, die in der Kita nur wenig Deutsch mit anderen Kindern sprechen, verpassen wertvolle Lern- und Bildungssituationen. Trotzdem ist es wichtig, einen positiven Umgang zu finden und die Familiensprachen der Kinder nicht abzuwerten.

Hinweise, wie der Mehrsprachigkeit im Alltag Raum gegeben werden kann, finden Sie in Kapitel II. Grundsätzlich können und sollen solche Fragen immer gemeinsam mit den Kindern thematisiert werden. Wählen Sie dazu ein passendes Format, z. B. den Morgenkreis, und stellen Sie die „betroffenen" Kinder nicht bloß. Um trotzdem konkret zu bleiben, können verschiedene Szenen mit Handpuppen und einer Fantasiesprache nachgespielt werden. Legen Sie den Fokus auf die erlebten Gefühle. Wie fühlt es sich an, nicht zu verstehen bzw. nicht verstanden zu werden und nicht teilnehmen zu können? Warum ist es wichtig und schön, einander zu verstehen? Ein weiterer wichtiger Punkt ist, dass die Fachkräfte Mehrsprachigkeit bewusst einsetzen. Eine Möglichkeit ist es, das Gesagte grundsätzlich auch auf Deutsch zu wiederholen, um so für alle Kinder ansprechbar zu bleiben und eine Teilnahme am Gespräch zu eröffnen.

Unsere Kita besuchen nur weiße Kinder. Warum sollen und wie können wir Vielfalt thematisieren?

Zu unserer Gesellschaft gehören nicht-weiße Menschen und Menschen mit Migrationshintergrund selbstverständlich dazu. Auch wenn Kinder im Kita-Alltag keine Berührungspunkte haben, ist es wichtig, ihr Bewusstsein und den Respekt für Vielfalt zu stärken. Sie sollen wissen, dass Normalität viele Facetten hat, und sich im Umgang mit Menschen anderer Hautfarbe, ethischer und sozialer Herkunft und Familienkultur wohlfühlen. Dabei ist es wichtig, dass die Kinder authentische Identitäten entwickeln, also Identitäten, die auf persönlichen Kompetenzen, Interessen und auf der eigenen Familiengeschichte und Familienkultur gründen und nicht auf der (historischen) Überlegenheit bestimmter gesellschaftlicher Gruppen. Vielfalt bezieht sich nicht nur auf unterschiedliche Hautfarben. Auch weiße Menschen unterscheiden sich beträchtlich: in körperlichen, sozialen und vielen anderen Merkmalen. Unterstützen Sie die Kinder dabei, diese Unterschiede zu erkennen und zu respektierten, dann fällt es ihnen auch leichter, Menschen aus anderen sozialen Gruppen als Individuen wahrzunehmen. Thematisieren Sie Traditionen und Gepflogenheiten aus anderen Kulturkreisen. Vermeiden Sie dabei „Farbenblindheit" bzw. „Pseudogleichheit" (s. Kapitel I) und „Pseudovielfalt" (s. Kasten S. 46).

Das gesamte Team mitnehmen

Wir möchten eine inklusive Kita werden. Nicht alle Kolleg*innen sind dafür. Was machen wir jetzt?

Inklusion braucht Mut und Zeit. Schaffen Sie einen Raum, in dem alle Kolleg*innen ihre Ängste und Bedenken äußern dürfen und ernst genommen werden. Arbeiten Sie gemeinsam an Ihrem Bild vom Kind und an Ihrem Menschenbild. Überlegen Sie, welche Werte Sie als Einzelpersonen und als Kita vertreten und vertreten möchten. Diskutieren Sie miteinander und hospitieren Sie bei anderen

Praxistipp

Den „touristischen Ansatz“ bzw. Pseudovielfalt vermeiden

Beim touristischen Ansatz lernt man nicht ein anderes Land kennen, sondern eine vermeintlich „andere Welt“ und fokussiert das „Typische“ und „Fremdartige“. Alles, was exotisch, farbenfroh und ungewöhnlich ist, ist besonders interessant. Es gibt viele Beispiele touristischer Darstellungen, z. B. die Weltkarte für Kinder, auf der die Menschen stereotyp dargestellt sind: Die Frau in Zentralafrika trägt einen Wasserkrug auf dem Kopf, ein Stierkämpfer repräsentiert Spanien und die Frau im knappen Karnevalskostüm steht für Brasilien. Solche Darstellungen bieten keine Anregung zum Thema Vielfalt und bilden keine Wirklichkeit ab. Kinder können sich mit den abgebildeten Menschen kaum identifizieren. Die eindimensionalen Bilder übermitteln nichts weiter als Stereotype und Vorurteile. Versuchen Sie dies unbedingt zu vermeiden.

inklusiven Kitas. Laden Sie Fachleute zu konkreten Problem- und Fragestellungen ein und machen Sie Team- und Einzelfortbildungen. Kurz gesagt: Nehmen Sie sich als Team ernst, investieren Sie Zeit und Geld. Inklusion passiert nicht von heute auf morgen, geben Sie sich und den Kolleg*innen Zeit, zu wachsen und hineinzuwachsen. Auch kleine Veränderungen im Alltag sind ein wichtiger Schritt in die richtige Richtung. Vielleicht können Sie sich darauf verständigen, stereotype Darstellungen aus den Gruppenräumen zu entfernen, die Rollenspielecke neu auszustatten oder die verschiedenen Sprachen der Kinder im Alltag sichtbar zu machen.

Wer bestimmt, was „normal“ ist?

Außerdem kann folgende Überlegung hilfreich sein: Die allermeisten Kitas arbeiten bereits mit einer sehr heterogenen Gruppe an Kindern und deren Familien. Sie unterscheiden sich hinsichtlich Alter, Geschlecht, Entwicklungsstand, Kompetenzen, Interessen, ethischer Zugehörigkeit, sozioökonomischem Status, Familienkultur usw. Inklusion erkennt diese Unterschiedlichkeit an und fordert eine neue Art der Pädagogik. Eine Pädagogik, die sich an der Vielfalt der Kinder, der Familien und nicht zuletzt der Fachkräfte orientiert und einen Alltag gestaltet, an dem alle teilhaben können. Ein Alltag, der sich an den Bedürfnissen und Kompetenzen von weißen, „normal“ entwickelten Kindern aus der Mittel- und Oberschicht mit „klassischer“ Familienkonstellation orientiert, macht alle anderen Kinder unsichtbar. Das leugnet die Realität und erschwert so im Endeffekt die Arbeit der Fachkräfte, da diese versuchen, eine Pädagogik für Kinder zu gestalten, die nur einen kleinen Bruchteil der Gruppe ausmachen. Ein Perspektivenwechsel kann hilfreich sein: Wenn z. B. ein Kind regelmäßig den Morgenkreis „stört“ und eine angemessene Teilnahme nicht gelingt, fragt Inklusion nicht danach, wie das Kind bzw. sein Verhalten verändert werden kann. Inklusion überlegt, wie der Morgenkreis umgestaltet werden könnte, damit auch dieses Kind teilnehmen kann. Die inklusive Sichtweise eröffnet einen großen Handlungsspielraum, da sie andere Schwerpunkte setzt und den Fachkräften hilft, dort Verantwortungen zu übernehmen, wo sie diese auch übernehmen können.

2. Weg frei für veränderte Sichtweisen

Inklusion erfordert in erster Linie Zeit, Geld, Mut, Hintergrundwissen und Reflexionsfähigkeit. Das pädagogische Team braucht Zeit, um seinen Alltag zu betrachten, um realistische Alternativen zu lieb gewonnenen Routinen zu finden, um zu reflektieren, welche Punkte gut funktionieren und wo Veränderungsbedarf besteht. Es braucht Reflexionsfähigkeit, um eigene – zum Teil tief verankerte – Vorurteile und Denkmuster zu erkennen, zu hinterfragen und aufzubrechen. Fundiertes Hintergrundwissen hilft dabei, auch subtile Diskriminierungen, Ausgrenzungen, Stereotype und Zuschreibungen aufzudecken. Es erfordert Mut, diese deutlich zu benennen und sich entschlossen dagegenzustemmen. Dabei können wir beides sein: von Diskriminierung Betroffene und Ausübende, manchmal sogar gleichzeitig. Etwa wenn wir als Erzieher*innen stereotype Rollenbilder, wie Frauen und Männer zu sein haben, so verinnerlicht haben, dass wir sie stetig selbst reproduzieren, ohne darüber nachzudenken, ob dieses Verhalten tatsächlich unseren Wünschen, Bedürfnissen und Interessen entspricht. Inklusion ist ein Prozess und setzt eine veränderte Sicht auf Kinder, Menschen und die Welt an sich voraus:

- Sind wir bereit, Menschen in ihrem Sosein anzuerkennen?
- Können wir die tiefe Überzeugung überwinden, dass der/die am meisten wert ist, der/die am meisten „leistet“?

- Können wir aufhören, uns selbst und andere ständig miteinander zu vergleichen?
- Sind wir überzeugt, dass es gerecht ist, wenn jede*r so viel beiträgt, wie sie/er kann, und es nicht ungerecht ist, wenn nicht jede*r das Gleiche beiträgt?
- Können wir uns tagtäglich gegen die Vorstellung stemmen, dass nur Schönheit, ein unversehrter Körper, Statussymbole und beruflicher Erfolg uns zu einem wertvollen Menschen machen?
- Fühlen wir, dass jeder Mensch von Grund auf wertvoll ist und ein unveräußerliches Recht auf Teilnahme hat?
- Sehen wir es als unsere Aufgabe, Rahmenbedingungen zu schaffen und Kinder und Familien tagtäglich dabei zu unterstützen, dieses Recht zu verwirklichen?

Jeden Tag, den wir nutzen, um uns, unsere Mitmenschen und unsere Umgebung zu beobachten und zu reflektieren, bringt uns einen kleinen Schritt näher zur Inklusion. Jeder Tag, an dem wir Routinen, Räume oder Materialien anpassen, ist ein riesiger Schritt auf dem Weg zu einem achtsamen Umgang.

Voraussetzungen gemeinsam schaffen

Inklusion kostet Geld und Ressourcen. Fortbildungen, Supervision, Vor- und Nachbereitungszeiten, Zeiten für Teambesprechungen und die Arbeit an der Konzeption, Anpassungen von Räumen, neue Möbel und Materialien sind nur ein paar Beispiele. Das erfordert weitreichende Zugeständnisse vom Träger. Aber es ist auch Aufgabe der Politik, entsprechende Gesetze zu erlassen und Inklusion finanziell zu fördern. Dies beinhaltet eine Abkehr von der Förderung einzelner Kinder bzw. bestimmter Diagnosen und Merkmale hin zur Förderung von Kindergruppen und ganzer Einrichtungen.

Fazit

Es gibt nicht den einen Weg zur Inklusion. Jedes Team, jede Kindergruppe, die Kinder und Familien sind unterschiedlich und brauchen individuell angepasste Zugänge und Lösungen. Der Gedanke der Inklusion kann auf verschiedenste Arten mit Leben gefüllt werden. Trotzdem bleiben die zugrunde liegenden Werte dieselben: Alle Menschen sind gleichwertig und haben ein Recht auf Anerkennung und Teilhabe. Wir sind aufgefordert, jeden Tag von Neuem einen Alltag zu gestalten, in dem das möglich wird. Der Weg zur inklusiven Kita startet wie jeder Weg mit dem ersten Schritt. Aber auch viele kleine Schritte und der ein oder andere Umweg bringen uns ein Stück näher zum Ziel. Und: Nur wer losgeht, kann ankommen. Gehen Sie den Weg gemeinsam. Es lohnt sich. Viel Erfolg!

Literatur

Baur, C. (2010): Bildungsbenachteiligung von Kindern mit Migrationshintergrund. www.heimatkunde.boell.de/2010/04/01/bildungsbenachteiligung-von-kindern-mit-migrationshintergrund (letzter Zugriff: 12.07.2019).

Bayerisches Staatsministerium für Arbeit und Soziales, Familie und Integration (Hrsg.) (2017): Lust und Mut zur Inklusion in Kindertageseinrichtungen. Handreichung zur Öffnung von Kindertageseinrichtungen für Kinder mit Behinderung. www.ifp.bayern.de/imperia/md/content/stmas/ifp/stmas_lust-und-mut-inklusion-kita_-_kennwort.pdf (letzter Zugriff: 12.07.2019).

Dorrance, C. (2014): Inklusion gestalten. Aufgaben und Anforderungen an die Kita-Leitung. Kronach: Carl Link Verlag.

Frisk, G. (o. J.): Der Baum der Erkenntnis für Kinder und Jugendliche im Alter von 1–16 Jahren. www.baumdererkenntnis.de/baum-der-erkenntnis.html (letzter Zugriff: 12.07.2019).

Groschwald, A./Rosenkötter, H. (2015): Inklusion in Krippe und Kita. Ein Leitfaden für die Praxis. Freiburg: Herder.

Heinze, U. (2018): Frühpädagogische Konzepte praktisch umgesetzt: Inklusion in der Kita. Berlin: Cornelsen Scriptor.

Herm, S. (2012): Gemeinsam spielen, lernen und wachsen. Das Praxisbuch zur Inklusion in Kindertageseinrichtungen. 4. Auflage, Berlin: Cornelsen Scriptor.

Hundegger, V./Lipowski, H./Lischke-Eisinger, L. (2014): 55 Fragen & 55 Antworten. Inklusion in der Kita. Berlin: Cornelsen Scriptor.

MacLellan, L. (2017): Sweden's gender-neutral preschools produce kids who are more likely to succeed. https://qz.com/1006928/swedens-gender-neutral-preschools-produce-kids-who-are-more-likely-to-succeed (letzter Zugriff: 12.07.2019).

Ocak, S./Spaerke, T. (2012): Sprache. In: Gawlitzek, I. u. a.: Kinder erziehen, bilden und betreuen. Lehrbuch für Ausbildung und Studium. 3. Auflage, Berlin: Cornelsen, S. 666–705.

Overmann, M. (2009): Frühes Fremdsprachenlernen lohnt sich. Neurobiologische Forschungen zur Mehrsprachigkeit.
www. arbeitsplattform.bildung.hessen.de/fach/bilingual/Magazin/mat_aufsaetze/overmann-neuro.doc/details/ (letzter Zugriff: 12.07.2019).

Rohrmann, T./Wanzeck-Sielert, C. (2018): Mädchen und Jungen in der KiTa. Körper – Gender –Sexualität. 2. Auflage, Stuttgart: Kohlhammer.

Rothweiler, M./Ruberg, T. (2011): Der Erwerb des Deutschen bei Kindern mit nichtdeutscher Erstsprache. WiFF Expertise, Band 12.
www.weiterbildungsinitiative.de/uploads/media/WiFF_Expertise_12__RothweilerRuberg_Internet.pdf (letzter Zugriff: 12.07.2019).

Scholz, A.-L. (2015): Feuerwehrfrauen und Geburtshelfer helfen bei der Berufswahl. www.tagesspiegel.de/wissen/gender-in-der-sprache-feuerwehrfrauen-und-geburtshelfer-helfen-bei-der-berufswahl/12023192.html (letzter Zugriff: 12.07.2019).

Sperling, K. (2016): Geschlechtslose Fräulein, bärtige Schlüssel und weibliche Monde – beeinflusst das grammatische Geschlecht von Wörtern unsere Weltsicht? https://de.babbel.com/de/magazine/grammatisches-geschlecht-und-weltsicht (letzter Zugriff: 12.07.2019).

Wagner, P./Boldaz-Hahn, S./Enßlin U. (Hrsg.) (2018): Macker, Zicke, Trampeltier ... Vorurteilsbewusste Bildung und Erziehung in Kindertageseinrichtungen. 2. Auflage, Weimar, Berlin: verlag das netz.

Impressum

praxis kompakt: Eine Kita für alle. Inklusion und diversitätssensibles Handeln ist ein Sonderheft von kindergarten heute – Das Fachmagazin für Frühpädagogik

Redaktion
Thilo Bergmann (verantw.)
Tel. 0761/2717-209
E-Mail: bergmann@herder.de

Petra Bartoli y Eckert
Tel.: 0761/2717-322
E-Mail: redaktion@kindergarten-heute.de

Carolin Küstner
Tel.: 0761/2717-331
E-Mail: kuestner@herder.de

Anschrift der Redaktion
Hermann-Herder-Str. 4
79104 Freiburg
Tel.: 0761/2717-322
E-Mail: redaktion@kindergarten-heute.de
www.kindergarten-heute.de

Verlag

www.herder.de

Bildnachweis
Titelbild: Leander Bado
Fotos: stock.adobe.com: S. 1, 16 oben: © Robert Kneschke, S. 4: © Tanja, S. 6: © ChristArt, S. 7: © WavebreakmediaMicro, S. 9: © phpetrunina14, S. 15: © aaabbc, S. 23 unten: © dasuwan, S. 25: © strichfiguren.de, S. 28: © Carola Vahldiek, S. 30: © PhotoSG, S. 32: © photocrew, S. 34: © natalliatolk119, S. 42: © dglimages, S. 44: © Sascha Bergmann, S. 46: © natalialeb, S. 47: © Rawpixel.com
Foto S. 40: Gudrun de Maddalena, Tübingen
Stadionfoto (Grafik), S. 12: © Csaba Peterd/shutterstock
Alle anderen Fotos: © Hartmut W. Schmidt, Freiburg

Layout, Satz und digitale Bearbeitung
rsrdesign Reckels & Schneider-Reckels, Guntersblum, www.rsrdesign.de

Druck
Medienhaus Plump GmbH, Rheinbreitbach

Leserservice
Verlag Herder GmbH
Hermann-Herder-Str. 4
79104 Freiburg
Tel.: 0761/2717-379 oder 0761/2717-244
Fax: 0761/2717-249
E-Mail: kundenservice@herder.de
Kontakt Produktsicherheit: produktsicherheit@herder.de

Gedruckt auf chlorfrei gebleichtem Papier

Printed in Germany

Titelnummer 887
ISBN Print 978-3-451-00887-0
ISBN E-Book (PDF) 978-3-451-83015-0